强势股操盘技术入门与精解

每位股民都学得会的强势股交易入门书

精准识别强势股，捕捉主力意图，博取主升浪，及时锁定利润

股震子◎著

中国宇航出版社

·北京·

图书在版编目（CIP）数据

强势股操盘技术入门与精解 / 股震子著. -- 北京 : 中国宇航出版社, 2019.2
ISBN 978-7-5159-1587-6

Ⅰ. ①强… Ⅱ. ①股… Ⅲ. ①股票交易－基本知识 Ⅳ. ①F830.91

中国版本图书馆CIP数据核字(2018)第286215号

策划编辑　田芳卿
责任编辑　吴媛媛　　装帧设计　宇星文化

出版发行　中国宇航出版社
社　址　北京市阜成路8号　　邮　编　100830
(010)60286808　　(010)68768548
网　址　www.caphbook.com
经　销　新华书店
发行部　(010)60286888　　(010)68371900
(010)60286887　　(010)60286804(传真)
零售店　读者服务部
(010)68371105
承　印　北京天顺鸿彩印有限公司
版　次　2019年2月第1版　　2019年2月第1次印刷
规　格　787×960　　开　本　1/16
印　张　12.75　　字　数　187千字
书　号　ISBN 978-7-5159-1587-6
定　价　38.00元

永远追随股市中的强者

（代前言）

强者，势也。趋势强，则上涨更容易；趋势弱，则下跌更容易。选择强势股，其实就是选择那些已经明显趋于强势，且很可能继续保持的股票。换句话说，强势股交易的核心在于判断与识别股价运行趋势是否趋于强势。

判断与识别股价运行趋势，一直以来就是很多投资者的核心研究课题。市面上有很多分析和判断股价运行趋势的指标，要借助这些指标判断股价运行趋势，必须有所选择、有所侧重。同时，还要做到以下几点：

第一，合理选择适合自己的分析方法或技术指标。强势股交易需要判断股价运行趋势，市场上几乎所有技术指标都能起到一定的作用，不过，这些技术指标构建和依据的原理有所不同，因而其发出的信号也存在互相“打架”的可能，这个时候，投资者必须学会判断和甄别。本书在判断股价运行趋势时，也给出了一些参考性指标，如KDJ指标、BOLL指标、均线指标、MACD指标，投资者可以根据个人偏好设置自己的技术指标系统。总之，适合自己特点的才是最好的。

第二，建立一套符合个人特点的强势股交易系统。每个投资者都有自己的性格、爱好，这些个性化的特征必将作用于交易中。当然，这些个性化特征本身并无好坏、优劣之分，关键要善加引导和利用，尽可能地扬长避短，这样方可在交易中游刃有余。

第三，建立并严格执行风险防控系统。强势股交易是一种高收益与高风险并存的操作。若想有高收益，必须做好承受高风险的准备。在交易开始前，必须先明确自己能够承受多大比例的亏损，接受多大比例的盈利，然后再入场交易。

第四，懂得休息的人，才是会赚钱的人。强势股交易所用时间很少，投资者可以在短时间内完成多次交易，但这并不意味着每天都要进行交易。只有在恰当的时间交易，在恰当的时间离场，才是强势股交易的最高境界。若天天想着交易，就会为交易而交易，忽视短线交易的最初动机——盈利。有利则动，无利则止。多休息一会儿钱不会减少，但在错误的时间交易，则可能让你的账户损失惨重。

第五，不打无把握之仗。尽管交易强势股需要冒险，但也要在有充足把握的前提下冒险。本书选择的技术分析指标是帮助读者更准确地识别强势股的启动与滞涨，其本质也是要在尽量确保安全的前提下获利。

总之，在具体的交易活动中，投资者务必做到以下几点：

·顺势而为。只有顺势而为，才能使投资获利并实现风险最小化。

·后发制人。不要预先判定强势股，要跟踪观察股票走势，在走势转强时再介入。

·风险控制。股市中没有绝对安全的投资，因而必须时刻做好止损的准备。

·戒骄戒贪。股价震荡时要有耐心，股价上涨到高位不能太贪心，要及时止盈。

作为一名强势股交易者，仅做好以上几点还远远不够。交易强势股与短线交易相似，讲究的是快进快出，有时一瞬间的犹豫就可能断送你一次或若干次交易的利润，甚至造成难以弥补的损失。快速决策依赖于充足的技术分析知识和丰富的临盘经验，这就需要投资者练就更严格的执行力、更成熟的心态和更敏锐的洞察力，这不是任何一本图书能够直接传授的，需要读者通过不断的交易逐渐积累和沉淀。

投资路上注定充满荆棘与坎坷，本书愿与你一路相随。

目　录 CONTENTS

第一章

追随强者的脚步——炒股就炒强势股

重“势”不重“价”，是强势股交易的核心要义。股价上涨是由资金连续介入推动的。一只股票短期内出现较大幅度的上涨，说明市场认可和接受其价格，或者短期内大家认定股价还将继续上涨。换句话说，只要股价具备上升的势能，投资者就可以大胆介入，无须考虑股票价格是否高估。价格进入高位时，介入者多是想短期炒作获利，没有人是基于价值投资理念买入的。

第一节　强势股交易基本原则

强势股交易需要投资者在股价启动上攻时执行买入操作，因而，其风险是很高的。交易强势股时，投资者需要遵循三个基本原则：追随强者，顺势而为，及时锁定利润。

一、追随强者

追随强者，是交易强势股的首要原则。强者恒强。股市中，强势股总是表现出其特有的强势特点：其他股票小涨时它大涨，其他股票大涨时它涨停，其他股票小跌时它不跌，其他股票大跌时它小跌或不跌。交易强势股就是要找到这样的股票并跟上其上升的步伐。

下面来看中国软件的日 K 线走势，如图 1-1 所示。

2018 年上半年，受中美贸易摩擦、中兴事件的影响，国产芯片和国产软件概念股被热炒，国产软件龙头企业中国软件受到了市场资金的重点关注。该股股价在两个多月的时间里翻了一倍还多，特别是 4 月 18 日之后该股大幅强势上攻。投资者若能在此期间介入该股，则可获得丰厚利润。从图 1-1 中可以看出，强势股发威时，往往与股票的某些利好消息结伴出现。

二、顺势而为

强弱转化，顺势而为，是交易强势股的核心原则。走势越强的股票，继续走高的概率越大，交易这类股票获利的可能性也就越大。如同一辆汽车，

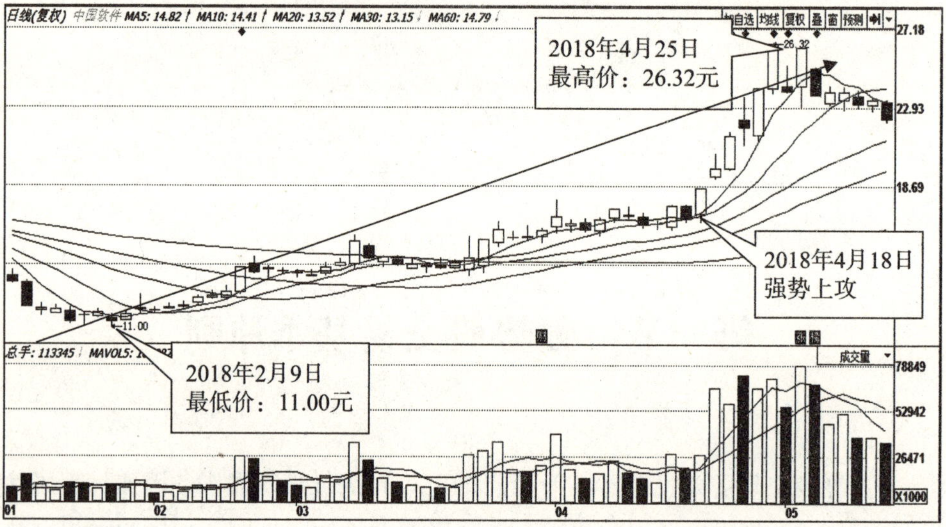

图 1–1　中国软件（600536）日 K 线走势图

当它高速行驶时，本身具有相当大的惯性，即使你不再继续给油，它也会继续前进。选择一只正处于强势上攻期的股票，会比其他股票更安全可靠。同理，当股价走势由强转弱时，投资者应第一时间执行卖出操作，而非继续持股待涨。

下面来看海立股份的日 K 线走势，如图 1-2 所示。

海立股份 2017 年 7 月 28 日起因股权转让事宜开始停牌。8 月 14 日，股价转让结束复牌后，直接以一字板封住涨停。其后，该股再度上升几个交易日，然后出现调整。从该股股价走势图上可以看出，该股股价已经具备了较强的上升动能，只要股价能够重新突破前期高点，即可重拾升势。

2017 年 9 月 13 日，该股股价突破了前期高点，说明股价将重新进入上升趋势，投资者宜追涨买入该股。其后，该股经过一段时间的上涨，于 9 月 26 日出现触顶回落迹象。鉴于当时股价上升幅度较大，且成交量放大，保守型投资者可以考虑卖出或清仓，激进型投资者可以观察股价短期内能否突破 9 月 26 日的高点。

其后股价连续下跌，10 月 10 日 5 日均线向下跌破了 10 日均线，形成均线死叉，说明该股有可能从上升趋势转为下跌趋势，投资者宜清仓。

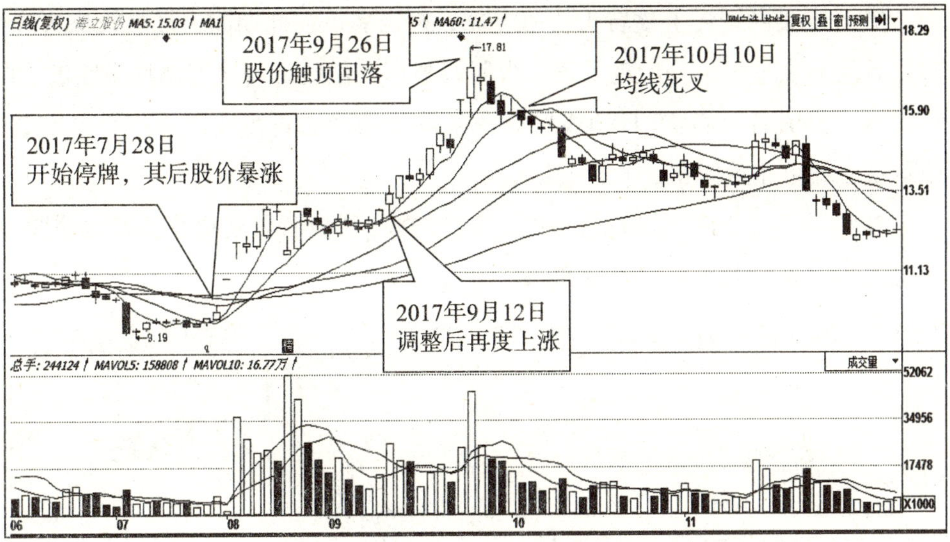

图 1-2　海立股份（600619）日 K 线走势图

三、及时锁定利润

及时锁定利润，是交易强势股获利的保障。从某种意义上来说，强势股只是一个时间概念。一只股票只能在某一时期内称为强势股，当股价强势不再，就不属于强势股了。强势股涨势很猛，跌势也绝不比涨势差。当强势股强势不再时，投资者应该立即卖出手中的股票。

通常情况下，投资者锁定利润的方法大致有如下几种：

（1）事先设定止盈位或止损位（可以是具体的价位，也可以是当前股价向上或向下的百分比），一旦股价触及设定价位，立即止盈或止损出局。

（2）借助某一技术指标如均线或 MACD 指标，搭建动态止盈或止损位。当股价跌破某条均线或 MACD 指标出现高位死叉时，执行卖出操作。

下面来看科大讯飞的日 K 线走势，如图 1-3 所示。

科大讯飞的股价在 2017 年 5 月底至 6 月初出现了震荡上升走势。其后，该股股价有明显加速上升迹象。2017 年 6 月 6 日，该股股价连续多日站稳 20 日均线，且 20 日均线由向下倾斜转为向上倾斜，说明股价转强。

其后该股由缓慢上攻转为快速上攻，投资者可在此期间入场买入该股。在其后的上攻过程中，出现了若干次回调整理，但股价每次回调均未跌破20日均线。投资者可将20日均线看成一条重要的动态止盈线，一旦股价跌破该均线，即可止盈卖出。

2017年9月8日，该股股价跌破20日均线，投资者可坚决止盈卖出该股。在此期间，股价上升幅度超过80%。

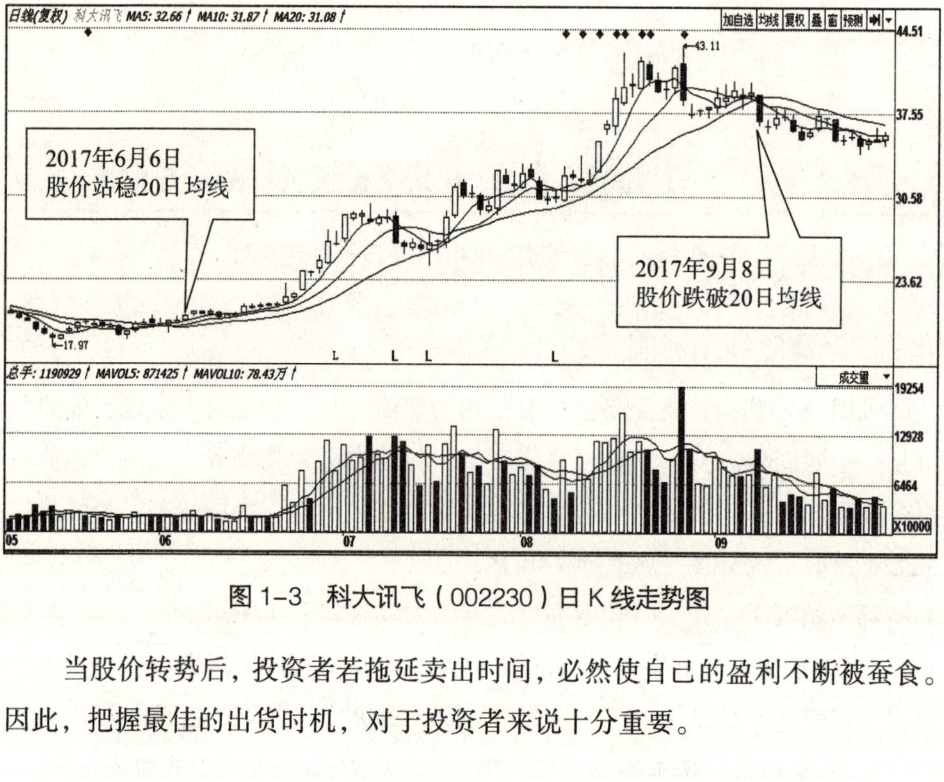

图1-3 科大讯飞（002230）日K线走势图

当股价转势后，投资者若拖延卖出时间，必然使自己的盈利不断被蚕食。因此，把握最佳的出货时机，对于投资者来说十分重要。

第二节 新手如何通过交易强势股获利

交易强势股可能会为投资者带来丰厚的收益，但也可能带来较大的亏损。对于投资新手来说，交易强势股需要做好以下三方面的工作。

一、准确设置交易时间框架

前面介绍过，强势股是一个时间概念。如果你用一个很短的时间框架来看，某只股票可能属于强势股，因为短期内涨幅较大。但若用一个很长的时间框架来看，则未必能将其称为强势股，因为几天的涨幅在较长的周期内根本不值一提。正因如此，投资者在交易强势股前，要根据自己的计划持仓时间和交易周期来确定时间框架。

所谓时间框架，是指技术图表上不同时间周期的图形。大家经常观察的K线图可以设置成多种分析周期，如15分钟K线、30分钟K线、60分钟K线、周K线、月K线等，软件默认的也是我们日常使用的时间框架是日K线。每种时间框架都有特定的价值和意义。

1. 长时间框架

基于目前股市的运行特点，通常情况下将周K线定义为长时间框架。尽管月K线是更长的时间框架，但其买入点与卖出点的选择过于滞后，因此周K线更适合作为长时间框架。对于偏好中长线交易的投资者来说，长时间框架有利于回避股价短期波动，更容易看清股价的中长期运行趋势。也就是说，借助长时间框架选择的强势股更容易出现中长线上攻行情。相对而言，投资者需要持仓的时间也较长，一般从两个月到数月不等。

下面来看格力电器的周K线走势，如图1-4所示。

格力电器的股价自2016年9月初大幅拉升突破20周均线后，一直运行于20周均线上方。在该股股价震荡上行过程中，曾出现了几次回调走势，但在股价回调至20周均线附近时受到均线的支撑继续走强，这说明20周均线对股价具有很强的支撑作用。同时，我们可以看出，20周均线一直呈向右上方倾斜的态势，这属于典型的看多形态。喜欢中长线持股的投资者可在2016年9月买入该股，在2018年3月底股价跌破20周均线后执行卖出操作。该股在震荡上升过程中，涨幅翻了4倍左右。

从该股的走势来看，格力电器属于典型的中长线强势股。投资者交易该股的过程中，运用长时间框架就是一个比较理想的选择。

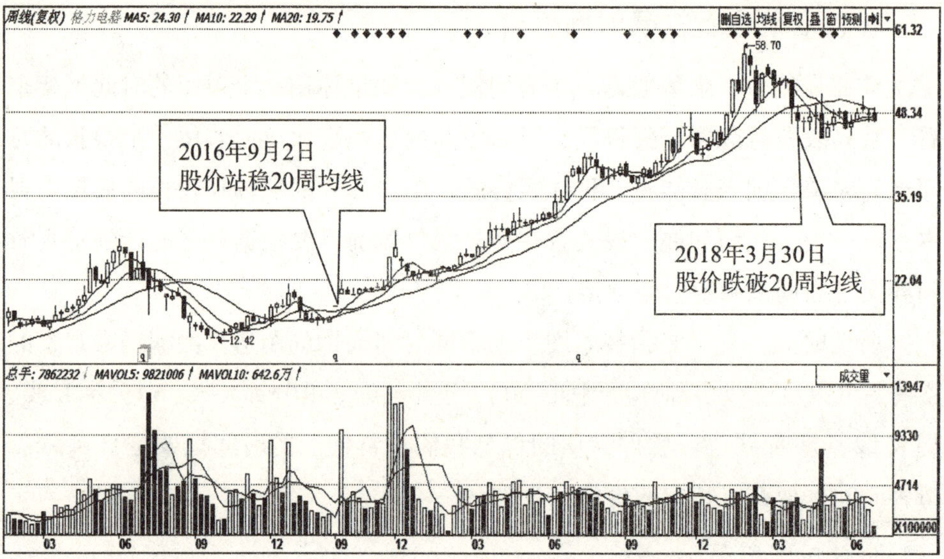

图 1–4　格力电器（000651）周 K 线走势图

我们再来看格力电器的日 K 线走势，如图 1-5 所示。

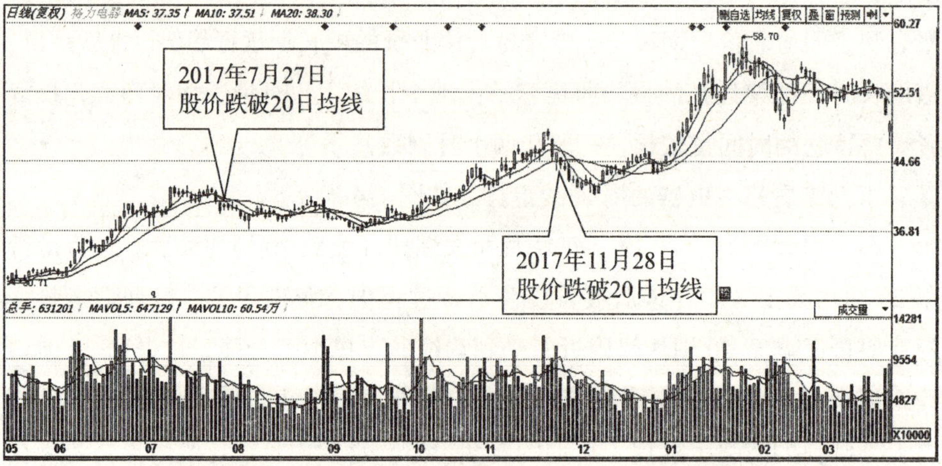

图 1–5　格力电器（000651）日 K 线走势图

从图 1-5 可以看出，格力电器的股价在震荡上升过程中，曾于 2017 年 7 月 27 日和 11 月 28 日两度跌破 20 日均线。不过，格力电器的股价总体上仍然呈现震荡上升态势。也就是说，投资者若基于中短时间框架做出交易决策，可能错过股价的中长线涨幅。通过对比图 1-4 和图 1-5 可知，对于中长线交易者来说，长时间框架是理想的选择。

2. 中时间框架

中时间框架，也就是我们经常使用的基于日 K 线的时间框架。基于日 K 线的时间框架，可以帮助投资者识别股价中短线运行趋势，并快速找到短线强势股。中国股市实行的“T+1”交易规则（即当日买入的股票次交易日才能卖出），也决定了日 K 线是中短线较佳的交易时间框架。

下面来看华夏银行的日 K 线走势，如图 1-6 所示。

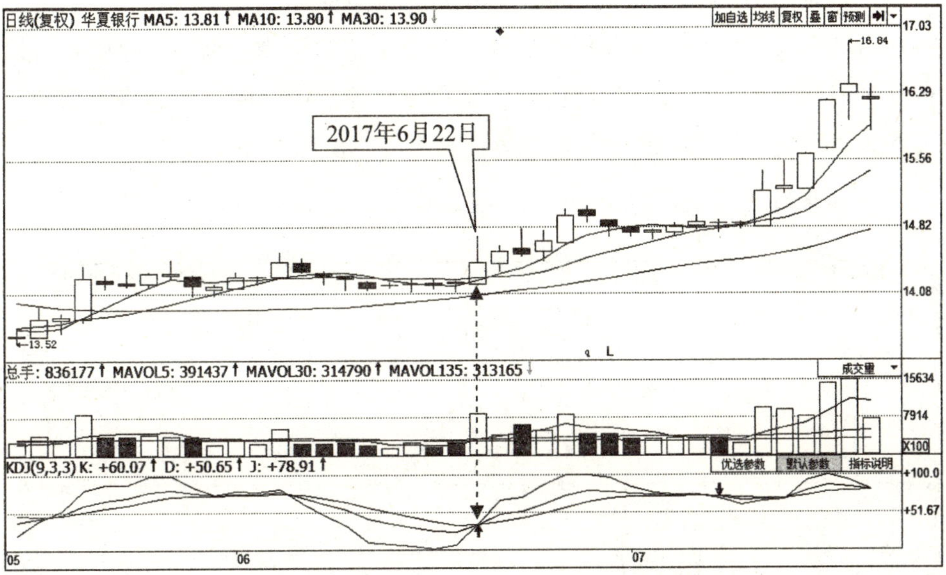

图 1–6 华夏银行（600015）日 K 线走势图

华夏银行的股价在 2017 年 5 月底启动了一波震荡上行走势。该股股价上涨一段时间后出现回调，回调至均线附近时受到支撑。6 月 22 日，该股股价放量上升，KDJ 指标同步形成低位金叉形态，这属于一个明确的短线买入信号。短线交易者可在当日买入该股。

将日 K 线与技术指标交易信号结合指导操盘，是目前较为流行的股价走势分析方法，也是成功率相对较高的分析方法。当然，任何一种分析理论或分析方法都无法准确预测股价的未来走势，只能为投资者提供参考。

3. 短时间框架

短时间框架是指那些分析周期低于30分钟的时间框架，如30分钟K线、15分钟K线或1分钟K线。短时间框架有利于投资者寻找最佳的交易时机和点位，找到短线暴涨股。很多喜欢从事超短线交易的投资者多使用短时间框架。不过，由于“T+1”交易规则的限制，投资者当日买入的股票当日无法卖出，因而，投资者一旦判断错误，当日买入后将没有补救的机会，若拖到下一个交易日，可能会使损失放大。

追涨强势股的投资者应该谨慎选用短时间框架做交易决策，当然，若能将短时间框架作为中长时间框架的补充是个不错的选择。例如，投资者可以借助长时间框架判断股价运行的中长期趋势，通过中时间框架寻找合理的买入和卖出时机，再通过短时间框架确认最佳交易时间和买卖点位。

下面来看华夏银行的30分钟K线走势，如图1-7所示。

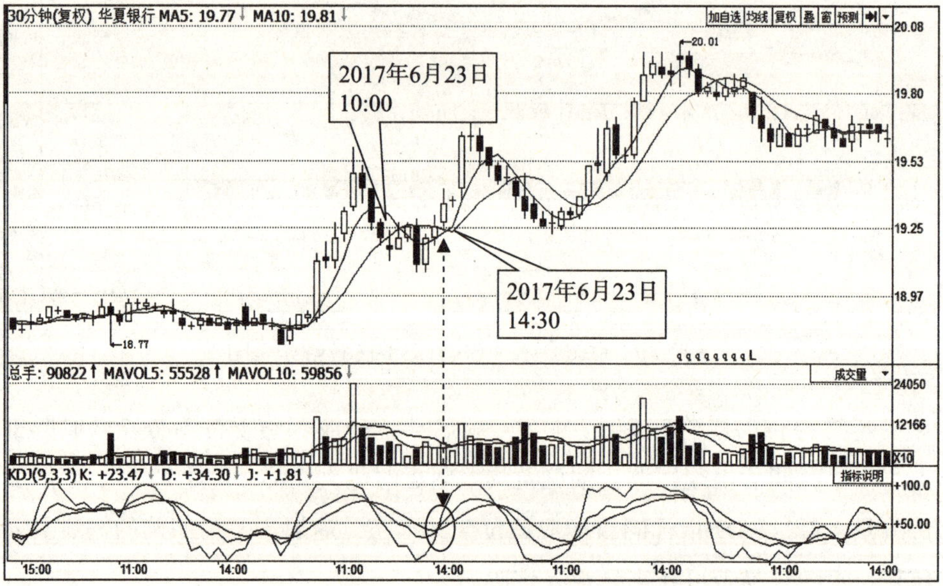

图1-7　华夏银行（600015）30分钟K线走势图

从华夏银行 30 分钟 K 线图可以看出，该股在 6 月 22 日创出高点后出现回调走势。6 月 23 日，该股开盘后仍然延续了之前的下跌走势，此时不宜入场操作。其后，该股出现了反弹向上的走势。6 月 23 日 14:30，该股股价 30 分钟 K 线向上突破多条均线，且 KDJ 指标同步出现金叉，投资者可在当日执行买入操作。

二、识别股价强弱转换的信号

股价强弱转换信号主要包括两类：其一，股价由弱势或中性转为强势的信号，通常也是投资者执行买入操作的入场信号；其二，股价由强势转为弱势或中性的信号，这是投资者执行卖出操作的离场信号。无论是做强势股交易还是其他类型的股票交易，这两类信号都是投资者最需要掌握和准确识别的。

1. 由弱转强的买入信号

识别股价启动信号，是投资者交易强势股过程中需要掌握的核心技术。股价由弱转强说明该只股票有可能成为强势股。通常情况下，投资者很难借助单一技术分析方法找到股价由弱转强的信号，大多需要通过几种分析技术综合判断与识别。通常情况下，这些分析工具包括但不限于以下几类。

第一，价格形态。

股价呈现出明显的突破形态，例如，股价突破某一重要阻力位、突破下降趋势线、突破某一震荡区域、突破某一重要均线等。出现突破走势，说明股价有可能脱离原来的运行趋势，未来有走高的可能。有时股价 K 线会形成经典的底部形态，如 W 底、三重底、头肩底等。

第二，成交量形态。

量在价先。股价呈现突破形态时，必须有成交量放大相配合。没有成交量放大相配合的股价突破，存在较大失败的可能。

第三，技术指标出现强势上攻信号。

股价转为强势时，技术指标发出的信号不应仅是买入信号，而应该是强烈的买入信号，如 KDJ 进入超买区域、MACD 指标在 0 上方出现金叉、布林线脚踩中轨线上行等。

第四，消息面情况。

股价即将出现强势上攻走势时，往往会有一些利好消息配合。当然，也要防止主力借利好消息引诱投资者高位接盘的可能。

下面来看沧州大化的日 K 线走势，如图 1-8 所示。

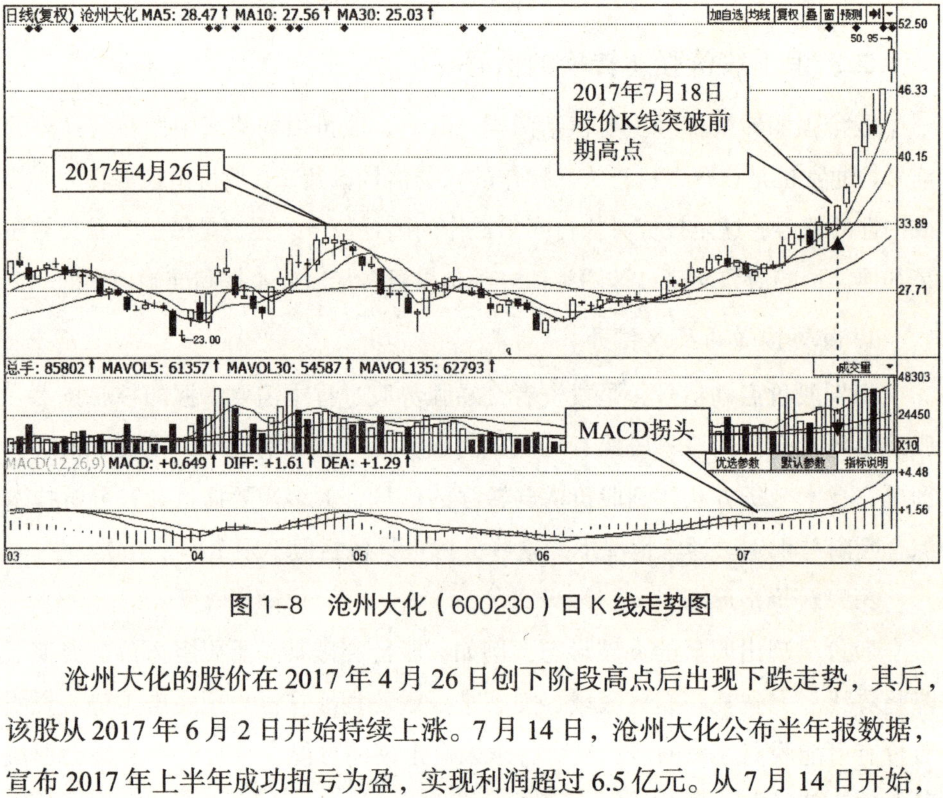

图 1–8　沧州大化（600230）日 K 线走势图

沧州大化的股价在 2017 年 4 月 26 日创下阶段高点后出现下跌走势，其后，该股从 2017 年 6 月 2 日开始持续上涨。7 月 14 日，沧州大化公布半年报数据，宣布 2017 年上半年成功扭亏为盈，实现利润超过 6.5 亿元。从 7 月 14 日开始，该股成交量持续放大。7 月 18 日，股价成功突破前期高点的压制，说明该股短期处于强势。观察此时的 MACD 指标，DIFF 线短暂回调后重新拐头向上，这属于典型的买入信号。此后，该股发动了一波快速上攻走势。

2. 由强转弱的买入信号

一只股票经过一段时间的上涨后，必然会走向回落或下跌，这时各种技术分析工具就会发出股价由强转弱的信号。该信号是投资者完成强势股交易的最后步骤，也是最关键的步骤。股价由强转弱说明该只股票强势不再。相对于由弱转强信号，由强转弱信号更容易判断，只需要出现下列迹象之一，投资者就应考虑卖出股票。

第一，价格形态。

股价呈现明显的跌破形态，例如，股价跌破某一重要支撑位、跌破上升趋势线、跌破某一震荡区间、跌破某一重要均线等。这说明股价有可能脱离原运行趋势，未来有走低的可能。有时股价 K 线会形成经典的顶部形态，如 M 顶、三重顶、头肩顶。

第二，成交量形态。

股价经过一段时间的上涨后，出现放量滞涨形态，即股价在高位震荡，不再创新高，成交量却居高不下，这说明主力正在顶部区域出货，未来股价有下跌的风险。

第三，技术指标发出下跌信号。

股价由强势转为弱势时，各类技术指标可能会发出卖出信号，如 KDJ 跌破 80 线或 50 线、MACD 指标在 0 轴上方出现死叉、布林线跌破中轨线。

下面来看云南城投的日 K 线走势，如图 1-9 所示。

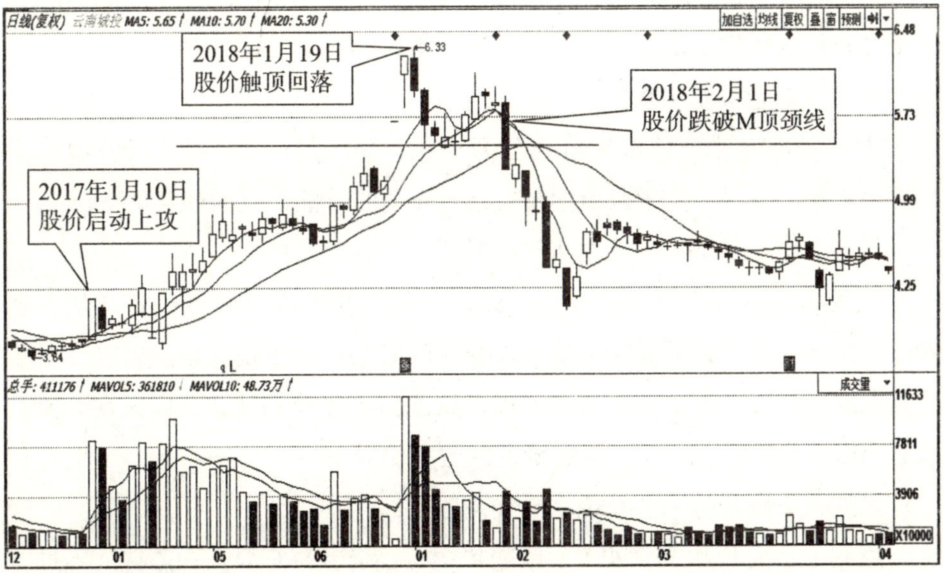

图 1-9　云南城投（600239）日 K 线走势图

云南城投的股价在2017年1月10日出现了一波快速上攻走势。2018年1月19日，该股股价在触及6.33元高位后出现回落，此时投资者需要重点关注该股后期的走势。2月1日，云南城投的股价向下跌破多条均线，且同步跌破了M顶的颈线位，说明该股强势上攻行情已经终结，投资者宜执行卖出操作。

三、仓位与资金安排

战争年代，优秀的指挥员有一个显著的特点，即善用预备队。股市中这个道理也适用，也就是说，在投资中要善用预留资金，并将其用在“刀刃”上。

1. 总仓位控制

总仓位，是指所持股票市值占资金总额的百分比。通常情况下，牛市时市场呈现普涨格局，交易强势股获利的可能性相对较大，若仓位过低，可能会错过股价上涨带来的利润；熊市时，市场会呈现普跌格局，交易强势股成功概率相对较低，仓位过高可能造成较大的亏损。因此，科学、合理地控制总仓位是每个投资者的必修课。

总仓位水平的设定，与整个股市运行情况、个人风险承受能力密切相关。关于总仓位水平的设定，可以参考以下几条。

第一，总仓位水平线。

投资者可将总仓位水平线划分为空仓、30%线、50%线、70%线、满仓五个水平。不过，鉴于股市中没有绝对安全的时候，应尽量避免满仓。

第二，上涨趋势中总仓位水平线设置。

大盘和股价自底部区域开始上涨时，投资者可从30%仓位逐渐加仓至70%。加仓过程中必须保证一条：加仓前的股票已经出现盈利。当股价上涨至高位时，投资者不必等到股价开始下跌或回调才想到减仓，应该在股价上涨乏力时开始降低仓位，一旦股价下跌就立即清空。

第三，下跌趋势中总仓位水平线设置。

原则上，大盘和个股处于下跌趋势中，投资者一定要空仓等待。不过，很多短线交易者都抑制不住交易的冲动。当大盘连续多日下跌后，很多基本面较佳的股票很可能被错杀，当大盘企稳后，这些股票就可能率先发动大幅反攻，成为弱势市场格局中的强势股。不过鉴于此时市场走势偏弱，若大盘继续暴跌，即使再强势的股票也可能会跟跌，因而总仓位一定要控制在30%以下，同时要设置好止损位，快进快出。

2. 单只股票仓位控制

基于资金安全的考虑，单只股票仓位占比和拥有的资金量成反比关系，即资金量越大，单只股票在总仓位中的占比越低。当然，这个比例也不能太低，太低则意味着投资过于分散，一方面是投资者精力不够，另一方面也会提高交易成本。

第一，单只股票仓位占比控制。

交易强势股存在很大风险，因而，单只股票的仓位占比不应超过30%。当然，如果资金量过小，还是可以突破这一限制的。控制单只股票的仓位占比，本意是要分散风险，如果资金量太小，就失去了分散风险的意义。

第二，股票品种控制。

人的精力是有限的，不能为了分散风险而一味地增加持有的股票品种。如果资金量不是太大，持有的股票最好不要超过五只，单只股票的仓位控制在30%以下为宜。当然，如果某一时段某只股票属于市场的热门品种，也可以提升该只股票的仓位占比，但出于投资安全考虑，还是应该控制在50%以下。

3. 资金管理

股市中获得收益的多少，并不决定于交易成功的次数，而是取决于交易失败的次数。所谓成功投资者，都是能把交易失败的损失降低到最低的人。加强资金管理，是控制和减少损失最有效的手段。

第一，预留资金比例控制。

预留资金比例因投资者投资偏好和风险承受能力的不同而不同，但一般不应少于20%。牛市时，可以直接设定在20%。熊市时，则要提高预留资金比例，即使是一次非常强劲的反弹，也要保证预留资金不低于30%，而且投入预留资金时，还要做好资金回收计划。

第二，止损比例控制。

止损位的设置，也是考验资金管理能力的重要指标。一个人的风险承受能力强，投资风格偏进攻型，可将止损幅度设置得稍大一些，如12% ~ 15%；反之，如果风险承受能力弱，投资风格偏保守型，可将止损幅度设置在7% ~ 8%。

止损位是保障资金安全的一道重要防线。当股价跌破止损位时，只有坚决止损，才能换来未来交易成功的机会，否则只能坐等资金日益消耗。

第三节　强势股运行的基本原理

交易强势股是一种高收益与高风险并存的活动。其依据的基本原理主要包括两类：一是道氏理论，即投资者需要识别当前股价的运行趋势，并寻找那些主要趋势呈现上升趋势的股票；二是波浪理论，即在一个完整的波浪循环中，主升浪是涨幅最大、风险最低的一浪。投资者在操作强势股时，应该优先选择那些已经展开主升浪的股票。

一、股价运行的基本趋势——道氏理论

道氏理论是股市技术分析理论的开山之作，由查尔斯·道（道琼斯公司的创立者之一）最先提出，随后经过汉密尔顿和罗伯特·雷亚的继承和发扬，最终形成了完整的道氏理论体系。值得一提的是，查尔斯·道认为自己的理论并不是用于预测股市和指导投资者交易的，而是一种反映市场总体趋势的晴雨表。

1. 市场的基本运动形式

道氏理论是研究股价趋势运动的经典理论。道氏理论认为，股票市场的整体走势主要由三种运动构成。

其一，主要趋势运动。

这是股票市场最主要的运动，即股市整体的向上或向下运动，也就是众

所周知的牛市或熊市，其持续时间也许会是几年。

其二，次级反应运动。

这是一种最容易迷惑人的运动。在主要趋势是牛市的市场中，次级的反应运动就是回调下跌运动；在主要趋势是熊市的市场中，次级反应运动就是反弹上升运动。这些次级反应运动过程一般持续三周或数月。

其三，日间波动。

这是一种最不重要的运动。日间波动带有很大的随意性或主力操纵痕迹。除了超短线投资者外，都可以忽略这些日间波动。

如图 1-10 所示，上证指数从 2014 年底开始启动了一波大牛市行情。上证指数自 2 279 点启动上涨，到 2015 年 6 月 12 日，已经涨到了 5 179 点。上涨，毫无疑问是这一阶段股市运动的主要趋势。在这个主要趋势内部，股指还出现了几次次级反应运动，即回调走势。由此可见，次级反应运动并不能改变股市的主要运动趋势。在次级反应运动内部，还包括了若干个交易日的上涨或下跌，它们属于日间波动，对股市整体运动方向没有实质性的影响，因此可以忽略不计。

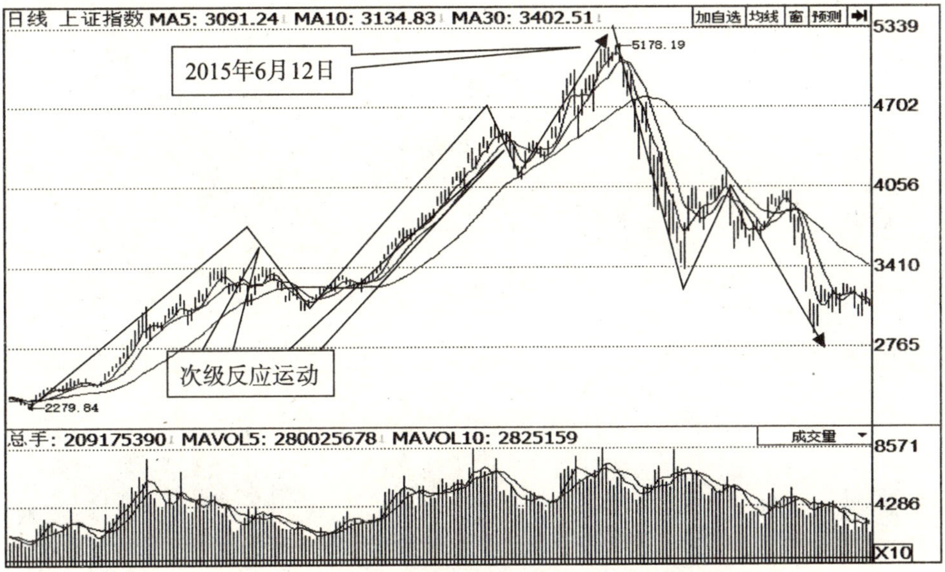

图 1-10　上证指数（000001）日 K 线走势图

2. 道氏理论与强势股交易

原则上，进行强势股交易前，必须确保市场主要趋势运动是向上运行的，这是投资者从强势股交易中获利的前提条件。在具体的交易中，还需要注意以下几点。

第一，大盘的主要趋势运动和次级反应运动。

若投资者以短线或超短线强势股为交易标的，可以考虑在主要趋势运动呈横向或下行趋势且次级反应运动呈向上运行时入场交易。也就是说，即使我们无法保证长期趋势有利于交易，也要确保短期内大盘走势是安全的。

第二，个股的股价运行趋势也是投资者需要重点考虑的。只有个股股价的主要运行趋势呈上行趋势或次级反应运动呈上升趋势时，才是最佳的交易时机。如果个股股价的主要运行趋势呈下降趋势或次级反应运动呈下降趋势，个股股价出现的短暂暴涨，极有可能是主力的诱多行为，投资者一旦参与其中，很容易被套牢。

下面来看中科曙光的日 K 线走势，如图 1-11 所示。

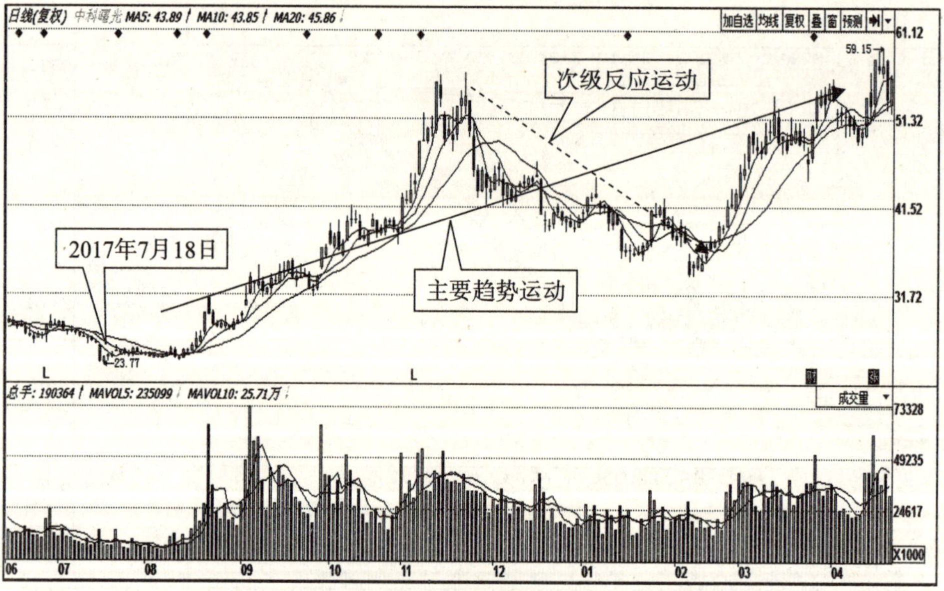

图 1-11　中科曙光（603019）日 K 线走势图

中科曙光的股价自 2017 年年中启动了一波牛市行情。在该股股价震荡上攻过程中，曾经出现了一波次级反应运动，即规模较大的回调走势。

观察整个股价走势图可以发现，若投资者在股价处于主要趋势运动过程中的上升时段入场交易，获利的概率很高；反之，若在次级反应运动中参与交易，即使期间有过股价大幅上升的情形，但也只持续了几个交易日，投资者想从中获利非常困难。也就是说，出于投资安全考虑，投资者应该选择主要趋势运动为上升趋势的股票，避免选择处于下跌趋势的股票。

二、博取主升浪——波浪理论

股价运动往往不是直线式的上涨或下跌，总是在涨跌交替中波浪前行。

1. 波浪理论

波浪理论又称艾略特波浪理论，是由美国证券分析家拉尔夫·纳尔逊·艾略特在总结前人经验的基础上，利用道琼斯工业指数平均线作为研究工具，经过不断创新提出的一套市场分析理论。

艾略特通过对前人经验的总结后得出，在各种市场中，价格前进一般都会沿着五浪结构进行。在这五浪当中，浪 1、浪 3、浪 5 是推动向前运行的，称为有向运动；浪 2、浪 4 是逆向运行的，称为休整浪。对于将要发生的整个有向运动，这两个逆向休整浪是必不可少的。

如图 1-12 所示，图中展示了牛市中的八浪循环运动，其中驱动阶段的五浪全部用数字表示，即浪 1、浪 2、浪 3、浪 4、浪 5；调整阶段的三浪全部用字母表示，即浪 A、浪 B、浪 C。

在熊市中，也有表示下跌阶段的八浪循环。熊市中的八浪循环与牛市中的八浪循环正好相反，如图 1-13 所示。

下面对图 1-12 所示的牛市八浪循环，逐项介绍各浪的基本特点。

（1）第一浪运行特点。

第一浪的形成往往意味着一个全新的开始。第一浪是上升浪，是对前一阶段下跌的终结，然而投资者并不这样认为。很多投资者都将第一浪看成下

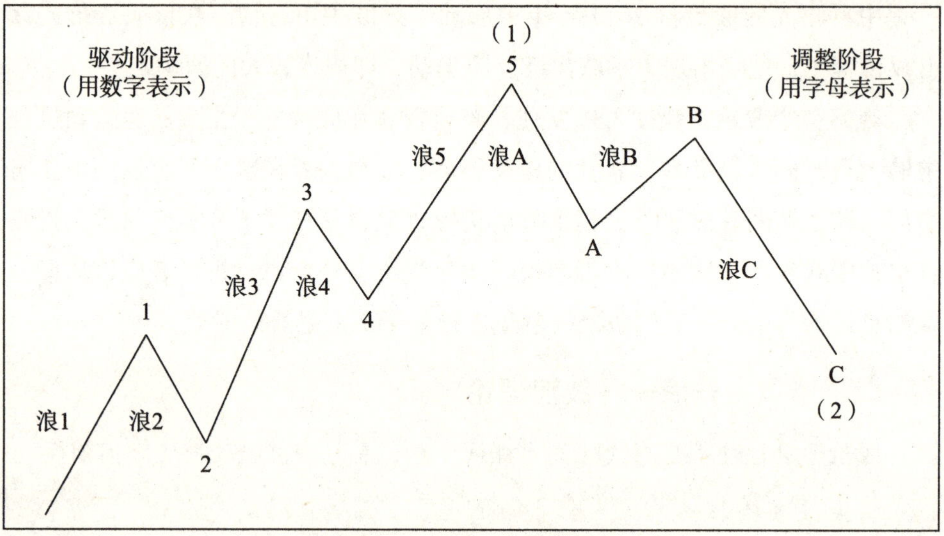

图 1-12　牛市中的八浪循环

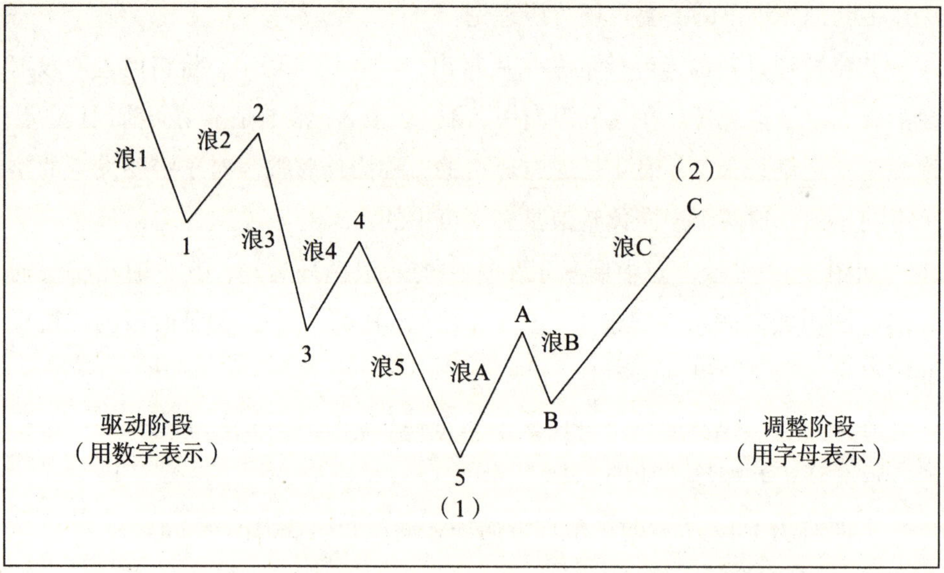

图 1-13　熊市中的八浪循环

跌过程中的一次反弹，因而第一浪的运行过程中买盘并不强大，相反，卖盘倒是非常强大。在股价上涨过程中，会伴随着成交量的逐步放大。同时，第一浪形成后，由于空方仍占据一定的优势，伴随着卖盘的增加，必将引起剧烈的调整。也就是说，在下跌过程中，形成第一浪后，还会经历第二浪较深的调整。

当然，并不是所有的第一浪都会经历第二浪的深幅调整。第一浪启动之前，如果市场已经经历了较长时间的盘整，那么第一浪上升的幅度就会比较大，市场跟风盘也会比较多，成交量也会出现放大态势。

很多投资者和机构由于踏空行情，会等待其后的调整浪到来。一旦调整浪即第二浪到来，便会纷纷跟进买入股票，从而推动股价迅速结束调整，转头向上运行。

（2）第二浪运行特点。

第二浪是对第一浪的调整。调整时间短，调整幅度大，是第二浪最显著的特点。在所有调整浪中，第二浪的杀伤力最大，多数调整幅度都能达到第一浪上涨幅度的 50% 左右。由于第二浪是在第一浪的基础上进行调整，所以，很多将第一浪看成下跌过程中反弹的投资者会把第二浪看成下跌的延续，因而整个市场弥漫着恐惧的气氛。

第二浪运行过程中，成交量会呈现出逐步萎缩的态势，市场做空动能逐渐不足，波动幅度也慢慢变窄，在 K 线图上常常出现一些反转形态。

第二浪是对第一浪的修正，是市场主力在第一浪完成建仓行为之后的洗盘行为。一般情况下，第二浪可以运行三个子浪。事实上，只要第二浪的低点不低于第一浪的起点，就仍然可以归入第二浪，如图 1-14 所示。在实战过程中，第二浪低点与第一浪起点的价位相差无几的例子有很多。

（3）第三浪运行特点。

第三浪是上升浪，大多数情况下，都是推动股价向上运行最有力的一浪。第三浪的运行时间通常是整个循环中最长的一浪，其上升空间和幅度也常常是最大的。第三浪的运行轨迹，大多数都会发展成为一涨再涨的延伸浪。

在成交量方面，由于第三浪是在市场投资者信心恢复后展开的，因而伴随着股价的上涨，参与的投资者越来越多，成交量也会呈现出逐渐放大的态势，如图 1-15 所示。

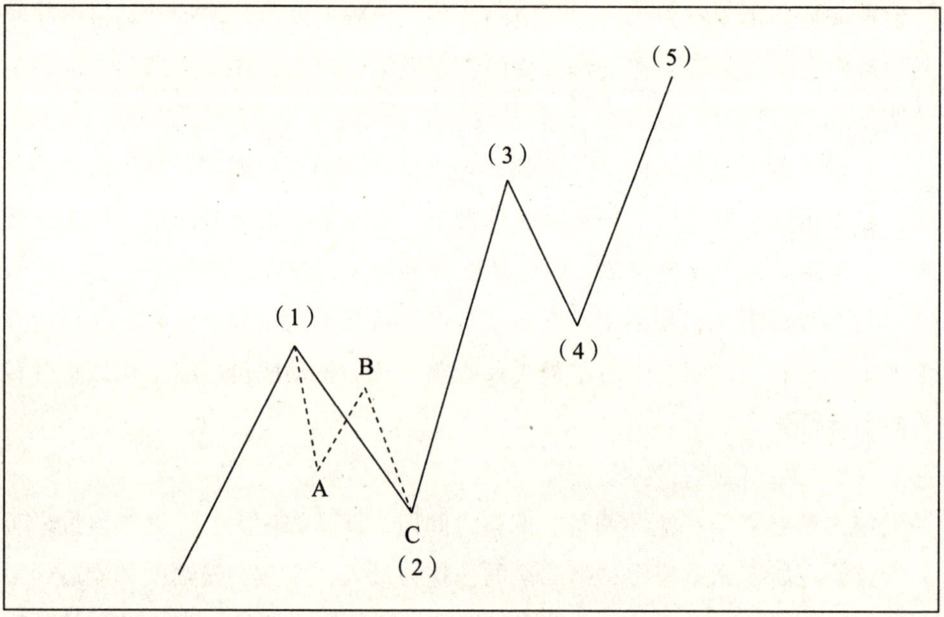

图 1-14　第二浪及其子浪

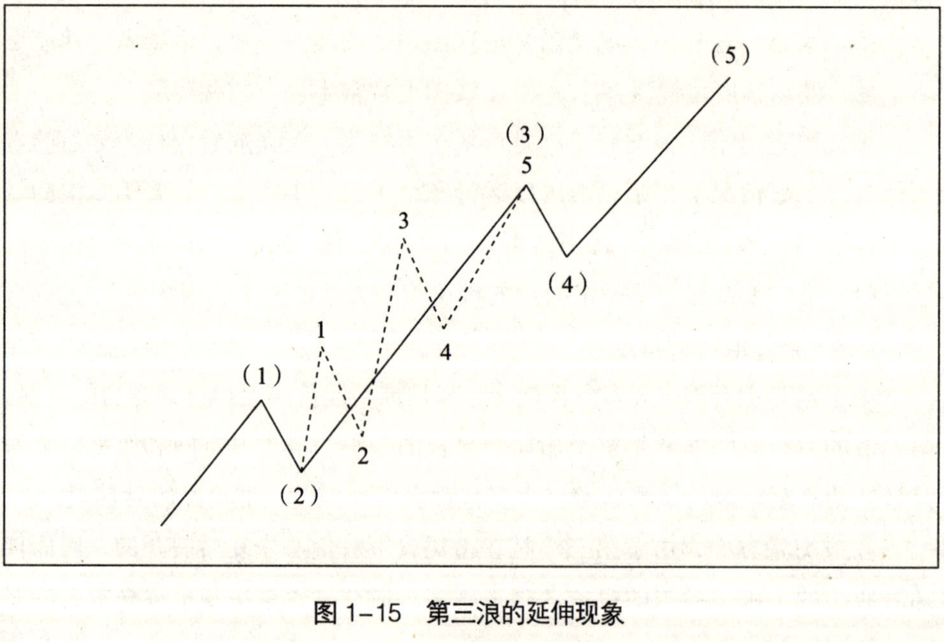

图 1-15　第三浪的延伸现象

在第三浪推进过程中，K 线图上会出现跳空缺口等向上突破的信号，投资者可以根据这些信号的指示买入股票。投资者应该清楚，第三浪是最具爆发力的一浪，因而，在股价上涨过程中不能预测其顶部到底有多高，而应跟随市场的趋势顺势而为，只有等到有清晰的卖出信号时，再卖出股票。

（4）第四浪运行特点。

由于第三浪是上升势头最为猛烈的一浪，因此，必然引导股价运行到较高的位置。当股价运行到高位之后，就会有一些获利盘涌出，导致股价下跌，引发调整。所以，第四浪与第二浪相似，是一种以下跌为主的波浪。尽管有一些投资者卖出股票兑现，但一些先前没有买入股票的投资者以及一些仍然看好后市的投资者，会趁股价调整之机买入股票，这会促使股价上涨。促使股价上涨和下跌的力量反复发生作用，导致第四浪充满了震荡。

由于第四浪充满了震荡，所以，第四浪常常以三角形形态出现，有时呈现上升三角形，有时呈现下降三角形，还有对称三角形和扩散三角形等。

第四浪的底部区域一般在第三浪低点至第三浪的第四子浪（第三浪内部的第四浪）低点范围之内，但第四浪的底永远不会低于第一浪的顶。

（5）第五浪运行特点。

第五浪常常被形容为“最后的疯狂”。在股市中，第五浪的成交量和涨幅均小于第三浪。一般情况下，市场经过第一浪和第三浪的上涨之后，很多获利盘急于兑现，这样必然导致股价下跌。然而，很多散户投资者仍然认为股价的上涨趋势没有结束，盲目乐观，进而买入股票，促成了第五浪的上涨。

在第五浪上涨过程中，成交量会出现不断萎缩的现象，表现为价升量减的背离关系。投资者发现第五浪出现量价背离时，一定要第一时间出货，以防被套。在第五浪中，股价的上涨常常会超过其内在的价值，从其完成的形态和幅度来说，第五浪经常会以失败的形态告终。

当然，如果第五浪是延伸浪的话，那么，第五浪的价格变化速度可能会超过第三浪的变化速度。关于第五浪上升幅度的预测，可以采用以下几种方法。

①假如第三浪属于延伸浪，那么，第五浪的涨幅一般会与第一浪的涨幅接近。

②第五浪的涨幅最大值 =（第一浪的高点 − 第一浪的低点）× 2 × 1.618+ 第一浪的高点。

③第五浪的涨幅最小值 =（第一浪的高点 − 第一浪的低点）× 2 × 1.618+ 第一浪的低点。

（6）A 浪运行特点。

A 浪是上涨行情结束后第一次大的调整，是紧随第五浪产生的。由于市场刚刚经历了一轮较大规模的上涨，很多投资者毫无防备之心，仍然认为市场还将延续上升的势头，所以，A 浪的调整力度往往很大。

在 A 浪形成之前，第五浪往往会发出一些警示信号，如价量关系顶背离，技术指标钝化。同时，A 浪走势对 B 浪有着重要的影响：如果 A 浪是五浪结构，那么 B 浪很有可能是锯齿形调整浪；如果 A 浪是三浪结构，那么 B 浪则有可能是平台形或三角形调整浪。

（7）B 浪运行特点。

B 浪只是下跌过程中的“一个另类”。由于 B 浪的反弹注定要被 C 浪的下跌所吞没，所以，B 浪常常被形容为一次无用的反攻。面对 A 浪的下跌，很多投资者仍然没有从上涨过程的喜悦中走出来，把 B 浪看成新的上升行情的开始。

B 浪运行过程中，成交量往往不大，但是到了 B 浪顶部时，会出现突然放大的成交量，这是庄家出逃的信号，投资者应该立即卖出股票止损。

B 浪为一个上升浪，由三个子浪构成，如图 1-16 所示。

（8）C 浪运行特点。

B 浪完成后，股价将重新回到下跌的道路上，这时很多投资者才醒悟过来，认识到上涨过程已经彻底结束，将要面对漫长的下跌之路。

C 浪是调整浪的终点。由于市场上所有的投资者都对股价的下跌达成了共识，于是卖盘蜂拥而出，股价也会随之一落千丈。可以这样说，C 浪是跌

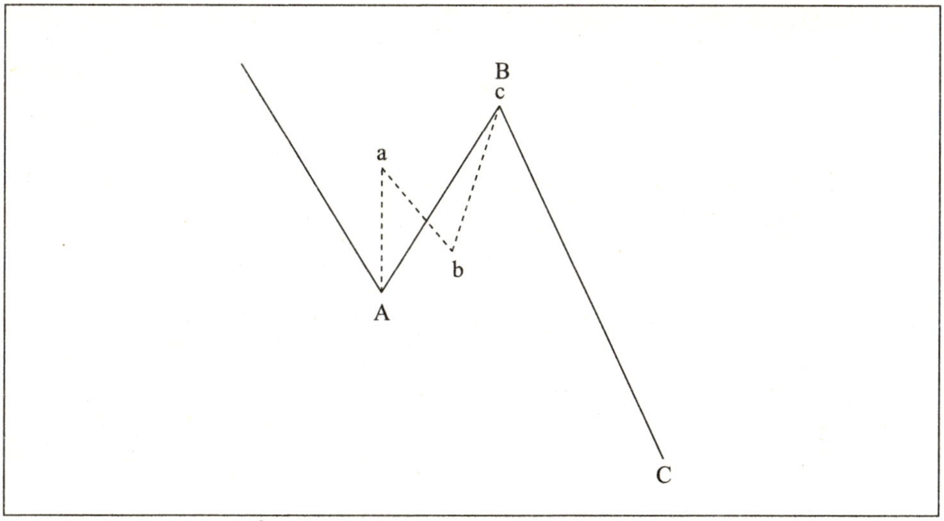

图 1-16　B 浪及其子浪

势最为强劲、跌幅最大的一浪，而且在 C 浪的形成过程中，市场还会出现全面下跌。

C 浪一般可以再划分为五个波浪，当 C 浪的五个波浪全部完成后，往往意味着市场开始转向，如图 1-17 所示。

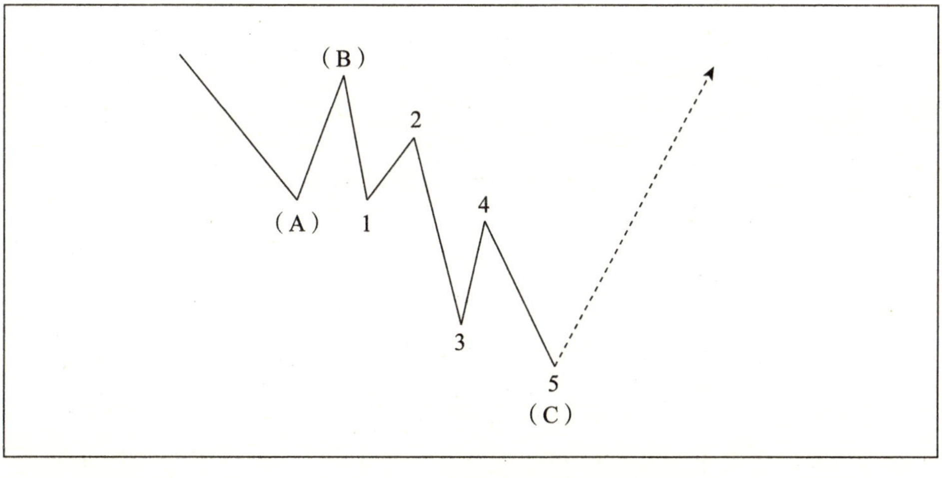

图 1-17　C 浪的延伸浪现象

2. 利用波浪理论抓主升浪

通过上面的介绍可以发现，八浪循环非常复杂，而且想要准确识别各浪也不容易。不过，八浪循环中，只有第一浪、第三浪和第五浪属于驱动浪，其中尤以第三浪最为重要。第三浪涨势特别猛，不像第一浪或第五浪那样容易失败。换句话说，我们交易强势股时，就应该找到第三浪的启动点入场，然后坐等主升浪带来的利润。不过，在实战操作中，第三浪（主升浪）的识别特别困难，通常需要借助一些技术指标来捕捉主升浪，例如 MACD 指标就是一个不错的选择，如图 1-18 所示。

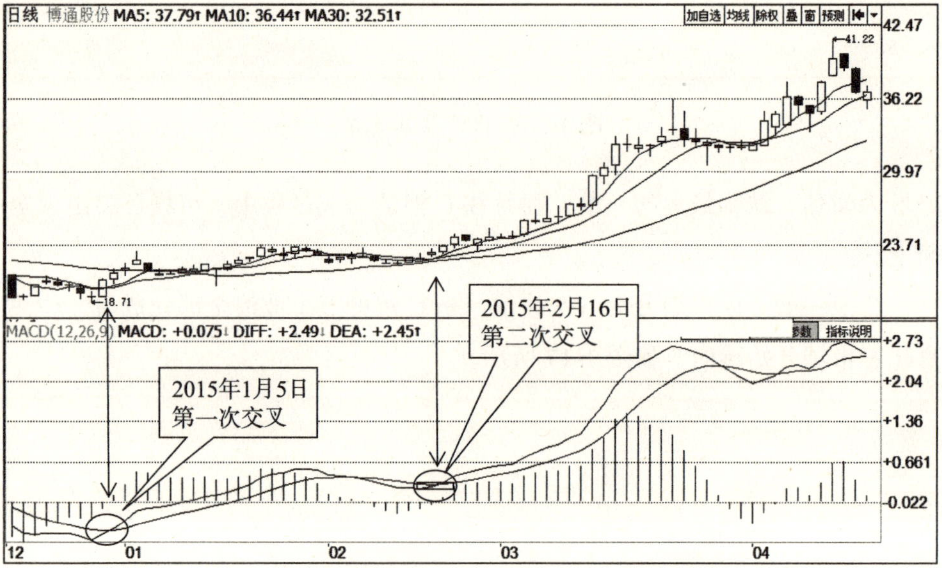

图 1-18　博通股份（600455）日 K 线走势图

博通股份经过一段时间的震荡调整后，MACD 指标重新出现拐头向上的走势。2015 年 1 月 5 日，MACD 指标的 DIFF 快线自下而上穿过 DEA 慢线，形成第一次交叉，只是交叉点位于 0 轴下方。熟悉 MACD 指标用法的投资者都清楚，此时并非 MACD 指标发出的金叉信号。此后，该股震荡走高，但涨势较慢，后来又出现了一波回调走势。2015 年 2 月 16 日，博通股份的股价再度上涨，此时 MACD 指标的 DIFF 快线再度自下而上穿过 DEA 慢线，形成第二次交叉，此时交叉点位于 0 轴上方，属于典型的金叉，投资者宜于此时买入该股。此后，该股发动了一波快速上涨行情。

结合波浪理论中的八浪循环来观察博通股份的走势可以看出：该股 MACD 指标出现第一次交叉时，属于第一浪启动，随后展开了第二浪的调整；第二次出现交叉（金叉）时，该股发动了第三浪攻势。MACD 指标与股价走势相似，也可能出现一次又一次交叉，但只有质量较高的金叉才是最佳买入信号，而高质量的金叉往往与上涨驱动浪的启动相关。

第二章

强势股的基本判断方法

强势股，顾名思义，就是股价走势极强的股票。那么，走势强到何种程度才算强势股？什么样的板块最容易出现强势股？这是投资者最关心的两个问题。

第一节　如何识别强势股

股价在短期内大幅上升，是强势股在技术层面最主要的表现形式。当然，一只股票之所以能够出现这种走势，肯定有其背后的原因，这些原因也是投资者需要重点关注的。

一、强势股走势基本形态

从走势基本形态来看，强势股都是一些股价在很短的周期内出现快速上攻，并且脱离了原有运行趋势的股票。例如，之前横向震荡运行的股票，突然出现拐头向上的走势，那么这类股票就可以称为强势股了。不过，因投资者参与交易的周期不同，认定强势股的涨幅情况也会有所区别。

1. 中长线强势股走势形态

通常情况下，能够中长线走强的股票都是基本面良好，有业绩支撑的股票。也就是说，这些强势股同时又属于成长股或绩优股。这些股票的走势具有如下特点：

第一，股价运行于某条中长期均线或者上升趋势线之上，且均线或趋势线呈向右上方倾斜态势，股价很少或从不跌破中长期均线或趋势线。

第二，尽管从中长期来看，股价一直呈上升态势，却很少出现暴涨行情，多数情况下都是呈现温和上涨态势。其实，正是这种温和上涨态势才能够保证股价在相当长的时间内保持上攻态势。反之，则很难持续这种上涨行情。

第三，股价短线涨幅有限，但从中长期来看，涨幅非常惊人。

下面来看海天味业的K线走势，如图2-1所示。

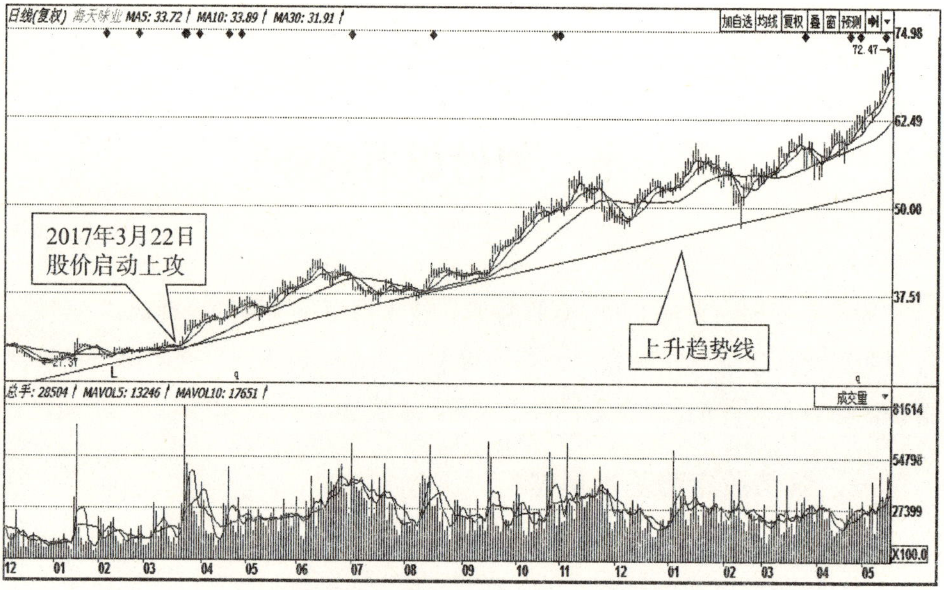

图2–1 海天味业（603288）日K线走势图

海天味业的股价自2017年3月启动上攻，其后出现了一波震荡上升行情。该股股价在震荡上升的过程中曾出现了若干次回调，但均落在了上升趋势线的上方，由此可见，该上升趋势线对股价具有很强的支撑作用。

观察海天味业的股价走势图可以发现，该股股价在上行期间很少出现强势逼空式上扬的走势，更多的是连续震荡式上扬。其实，正是这种走势才保证了股价长时间不断上扬。这类中长期强势股，正是偏好中长线投资和价值投资的投资者心目中最理想的标的。

2. 短线强势股走势形态

从某种意义上来说，短线强势股才是最符合强势股特征的股票。这些股票的走势具有如下特点：

第一，股价突破某些重要压力位后，短期内出现了爆发式上攻。这类股票的股价很可能在短期内上涨百分之几十，甚至翻番。

第二，从中长期来看，这类股票的股价涨幅要远远落后于中长线强势股，但由于其短期内上涨幅度较大，往往会成为游资偏好的投机标的。

第三，股价启动后，往往沿着 5 日均线快速上攻，股价可能会出现与 5 日均线距离越来越远的情形。

第四，这类短线暴涨的股票很多是由基本面支撑的，但由于股价暴涨，造成了价格与价值严重背离，股价上涨周期结束后，往往会出现较大幅度的下跌。投资者交易此类股票，必须注意防控风险。

第五，这类股票股价暴涨的同时，往往也会有一些利好消息放出。换句话说，当利好消息兑现时，往往是这类股票股价被炒到高点时，也是由上升行情转为下跌行情的开始。

下面来看中国软件的日 K 线走势，如图 2-2 所示。

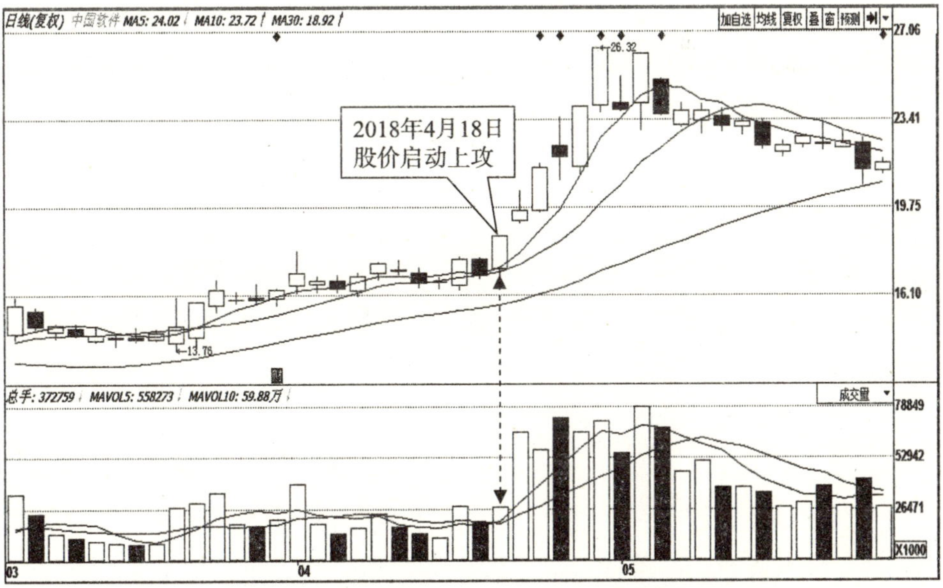

图 2-2 中国软件（600536）日 K 线走势图

2018年上半年，市场上掀起了一波炒作国产软件和芯片的热潮。中国软件作为国产软件的龙头股，受到了大量市场资金的关注。如图2-2所示，中国软件的股价自2018年4月18日起拐头向上，沿5日均线上攻，成交量同步放大，之后5日均线与10日均线的距离越来越大，各条均线开始呈多头发散排列。这说明该股短线具备较强的爆发力，短线投资者可以考虑买入。

其后，该股股价在几个交易日内上涨了50%以上，可以看出这只强势股的威力。

3. 超短线强势股走势形态

超短线强势股是喜欢T+0交易和超短线交易者的最爱。这些股票走势具有如下特点：

第一，超短线强势股一般以分时图或1分钟K线图为主要分析对象。股价分时图在几分钟内出现了大幅上攻，一般涨幅都在3个点以上。

第二，从中长期来看，这类股票的股价涨幅可能并不是很大，只是在两三个交易日内出现了几个点的涨幅。不过，这个涨幅对于喜欢超短线交易的投资者而言已经足够了，他们可以利用高频次交易来实现利润最大化。当然，对于普通投资者而言，这种交易的风险也是相当大的。

第三，交易超短线强势股往往与狙击涨停板相结合，一旦成功捕捉到涨停板，无疑可以让短线获利倍增。

选择超短线强势股，首先必须选择合适的操作标的。也就是说，只有那些波动幅度比较大的股票，特别是一些具备涨停基因的股票，才能成为操作标的。

下面来看邦宝益智的日K线走势，如图2-3所示。

图2-3所示为邦宝益智2018年上半年的走势情况。从图中可以看出，该股股价波动比较剧烈，频繁拉出涨停板和跌停板，这对于超短线交易者来说是一个非常合适的标的。

下面是该股2018年7月2日的分时走势，如图2-4所示。

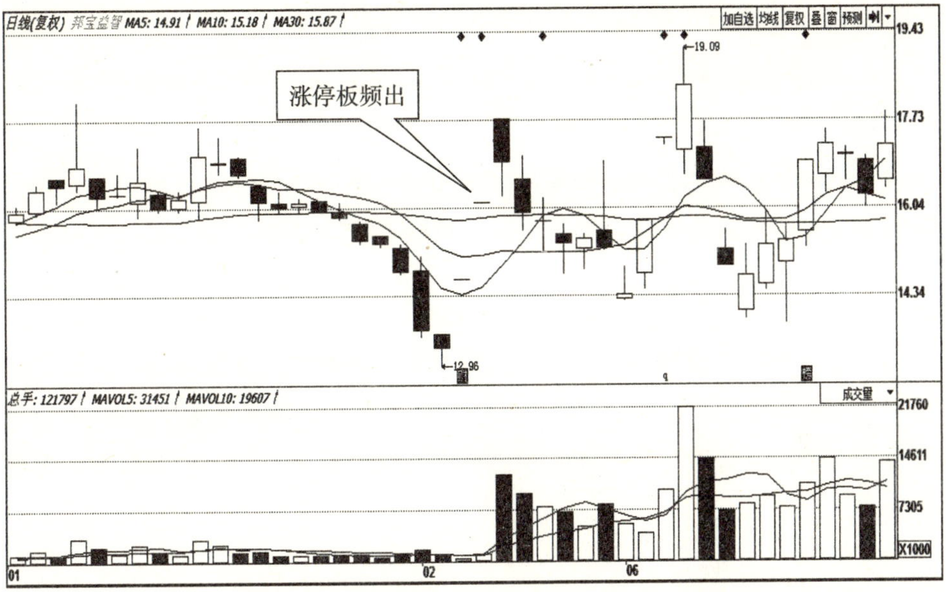

图 2-3　邦宝益智（603398）日 K 线走势图

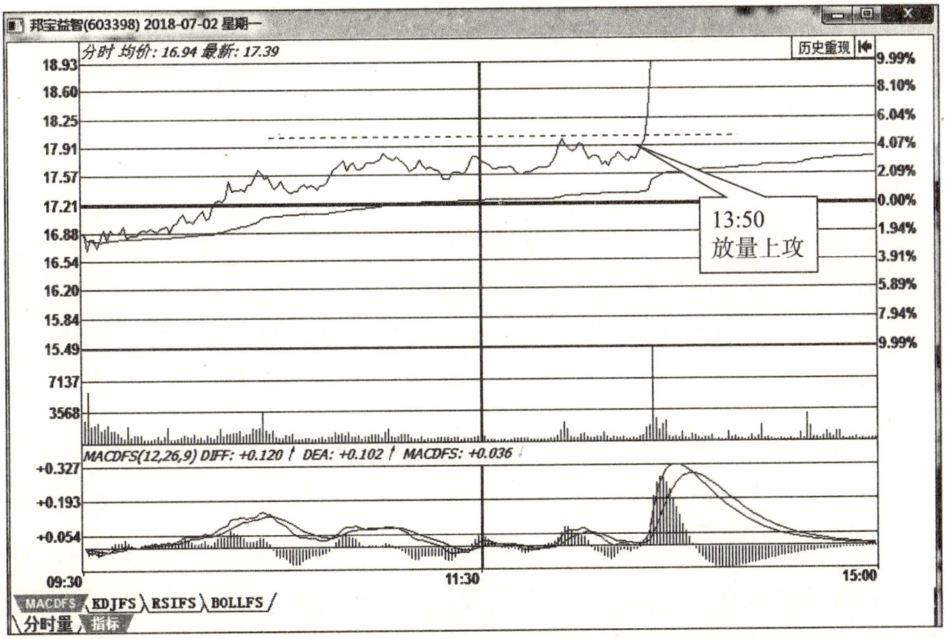

图 2-4　邦宝益智（603398）分时走势图（2018 年 7 月 2 日）

邦宝益智的股价在2018年7月2日低开后一路震荡。盘中时段，股价一直在高位震荡运行，此时，投资者需要重点关注股价有无放量突破的迹象。13:50分的时候，该股分时线拐头向上，且成交量同步放大，这属于典型的股价上涨信号。该股股价在短期内快速上攻，并迅速封住涨停板。对于操作该股的交易者来说，在次日卖出就可以获得不错的回报。

二、走势对比看清强势股

股价上涨并不意味着一定就是我们所说的强势股。所谓强势股，更多的是一种比较的概念，也就是说，相对于大盘或同类股票起涨更早、涨势更猛。投资者在选择强势股时，不能主观臆断哪只股票最强，而要借助基本的走势来判断。

1. 与大盘对比

相较于大盘，个股走势更为强劲，这是强势股的一个显著特征。若个股的走势弱于大盘，则根本谈不上强势股。

与大盘走势对比，强势股的特点如下：

第一，若股价日K线走势明显强于大盘指数，且两者之间的距离越来越大，则说明个股股价处于强势上升区间，这是最为典型的强势股。股价日K线突破大盘指数线或与指数线距离明显拉开时，是买入该股的时机。

第二，若股价分时线在某一交易日的走势明显强于大盘，则说明股价当日走势强于大盘。这类股票属于超短线强势股，它们是超短线交易者的最爱。买入超短线强势股的时机有：股价分时线放量突破均价线时；股价分时线放量突破大盘指数线时；股价分时线遇均价线和大盘指数线支撑重新上攻时；股价分时线加速放量上攻时。

第三，在对比大盘与个股走势时，最好将两者放置于同一个图形界面，以利于比较。通常情况下，投资者使用炒股软件对比大盘与个股走势强弱时，系统会自动将两者起始时间的价格设置在相同的位置。这样有利于投资者对走势进行实时对比。

下面是贵州茅台和上证指数的日K线走势对比图，如图2-5所示。

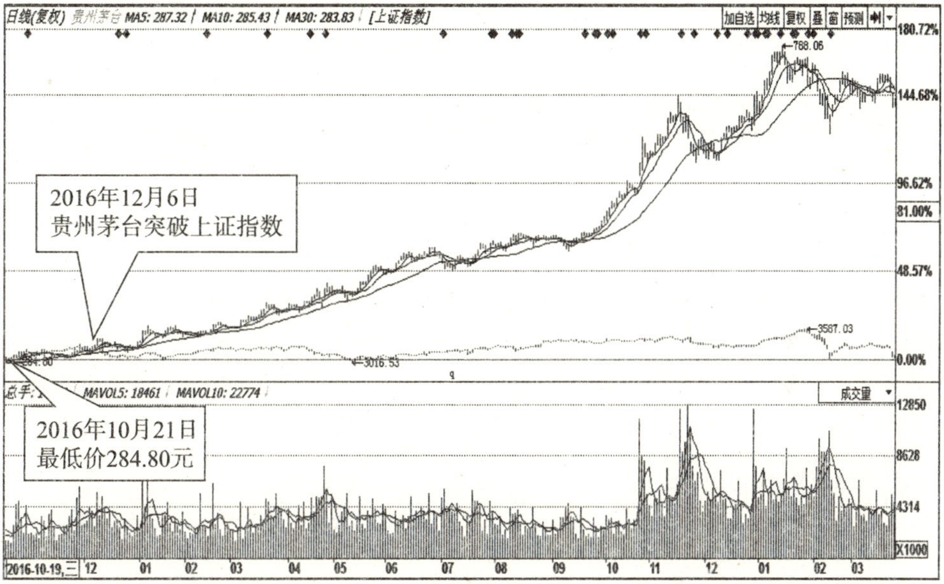

图2-5　贵州茅台（600519）与上证指数（000001）日K线走势对比图

从图2-5可以看出，在2016年10月下旬，贵州茅台的股价和上证指数几乎纠缠在一起，这说明当时贵州茅台并未表现出明显的强势。

2016年12月6日，贵州茅台的股价经过一番震荡后向上突破了上证指数，其后该股股价日K线与上证指数线之间的距离越来越大，这说明贵州茅台已经开始显露强势股本色，投资者可积极入场买入该股。

其后经过一年多的时间，贵州茅台的股价翻了将近三倍，而上证指数却仍停留在3 000点左右。

下面是中源协和与上证指数分时线走势对比图，如图2-6所示。

从图2-6可以看出，2018年7月6日开盘后，中源协和的股价分时线和上证指数线几乎纠缠在一起。此后不久的9:38，中源协和的分时线向上穿越上证指数线，说明股价有走强的可能，此时激进型投资者可以考虑执行买入操作。

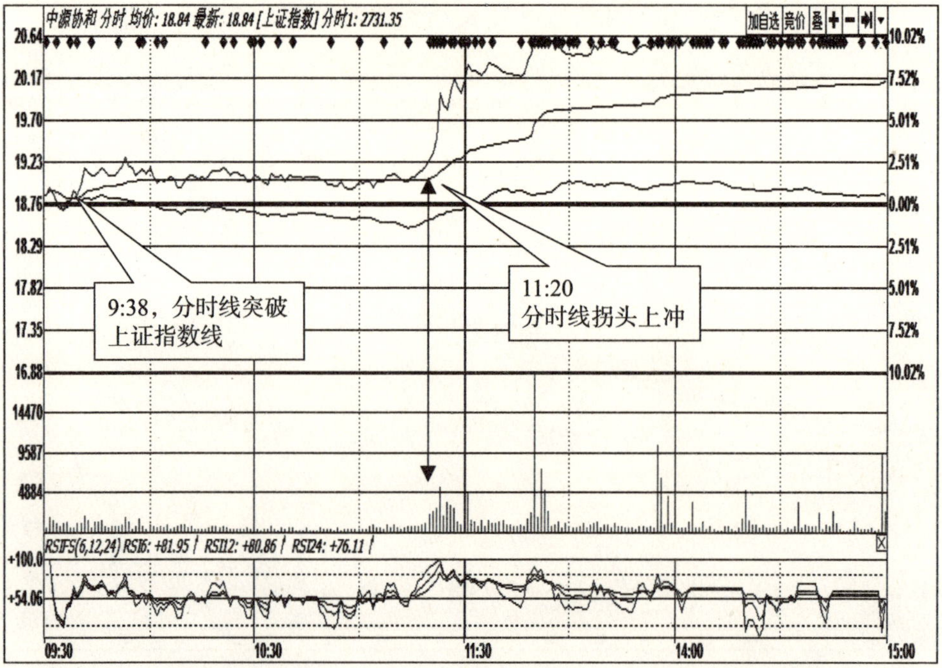

图 2-6　中源协和（600645）与上证指数（000001）分时线对比图

其后，中源协和的分时线几乎与上证指数线呈平行运行状态，投资者可继续保持对该股的关注。临近中午收盘的 11:20，中源协和的股价分时线拐头向上突破，同时成交量持续放大，这说明股价有启动迹象，投资者可再次跟进。

下午，该股分时线成功封上涨停，至此可以判断该股短线强势走势确立。

2. 与同类股票对比

与同类股票对比，反映的是单只股票在整个概念板块内部的走势强弱。通过与同类股票对比选择强势股，前提是整个板块属于当前市场上资金炒作的热点。只有强势的板块，才能出现强势的个股。反之，若整个板块死气沉沉，根本没有资金关注，那么，从这种板块中选择的走势较强的个股，充其量也就是“走势不太弱”的股票，根本不能称为强势股。

强势股与同类股票走势对比的要点如下：

第一，对于想要寻找中长线强势股的投资者来说，通过同类股票日 K 线走势叠加对比的方法，可以非常清晰地看出各只股票的走势强弱，并择机买入走势最强的股票。这类股票往往都是板块的龙头股和绩优股，股价一般较高。买入这些强势股的时机有：大盘出现暴跌时，龙头股和绩优股可能被错杀，一旦这些股票重新企稳则可买入；板块出现整体回调后，这些龙头股和绩优股会率先反弹；中长线强势股通常都会呈现缓慢上升的态势，一旦股价上涨出现加速迹象时，投资者可以追涨买入。

第二，因利好消息刺激，某一板块可能会出现集体上攻的情况。不过，板块整体上升并不意味着所有股票都会同步上涨，有些股票可能涨势很猛，其后还会继续上升，有些股票涨势可能只持续了很短的时间。通过走势对比选择其中走势最强的股票，是短线投资者首先要考虑的问题。这类股票的股价分时线高开高走，明显强于其他同类股票，有的能在短时间内封涨停。买入超短线强势股的时机有：股价分时线加速放量上攻时；分时线走势明显强于同类股票，在其冲击涨停板时可择机买入，封涨停板的时间越早越好。

下面是长春高新和常山药业的日 K 线对比走势，如图 2-7 所示。

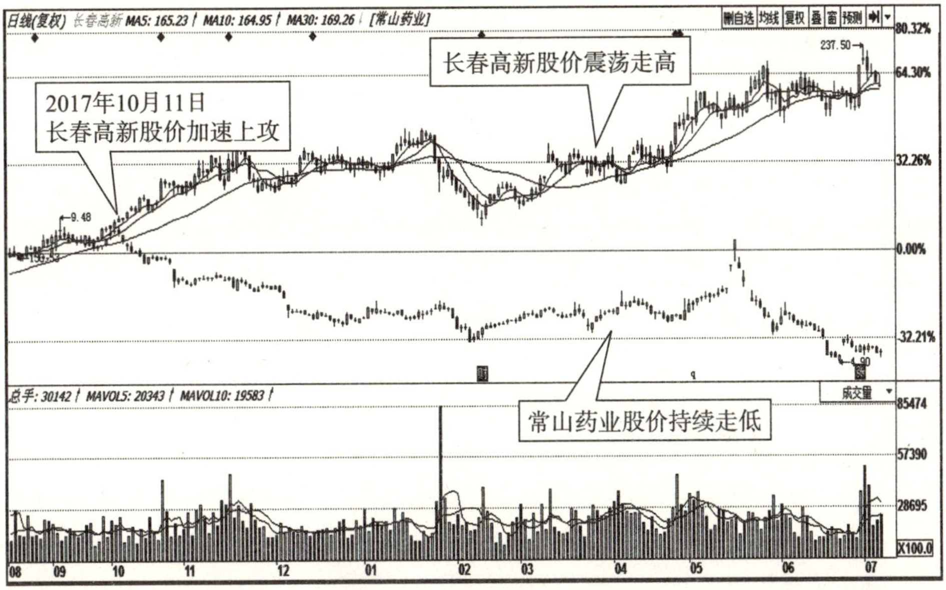

图 2-7　长春高新（000661）与常山药业（300255）日 K 线走势对比图

从图 2-7 中可以看出，在 2017 年 10 月上旬，长春高新和常山药业的股价涨跌幅度趋于一致，这说明当时长春高新并未表现出明显的强势。

2017 年 10 月 11 日，长春高新的股价在前一交易日上攻的基础上再度上升，而此时常山药业的股价呈现下跌态势。自此之后，两只股票的股价开始分化：长春高新的股价越来越高，常山药业的股价则越来越低。

在这种情况下，喜欢中长线操作的投资者可以很容易地判断出，长春高新是一只典型的强势股。投资者可在 2017 年 10 月 11 日买入该股，或在其后股价出现回调时执行买入操作。

下面是丰乐种业和登海种业分时走势对比图，如图 2-8 所示。

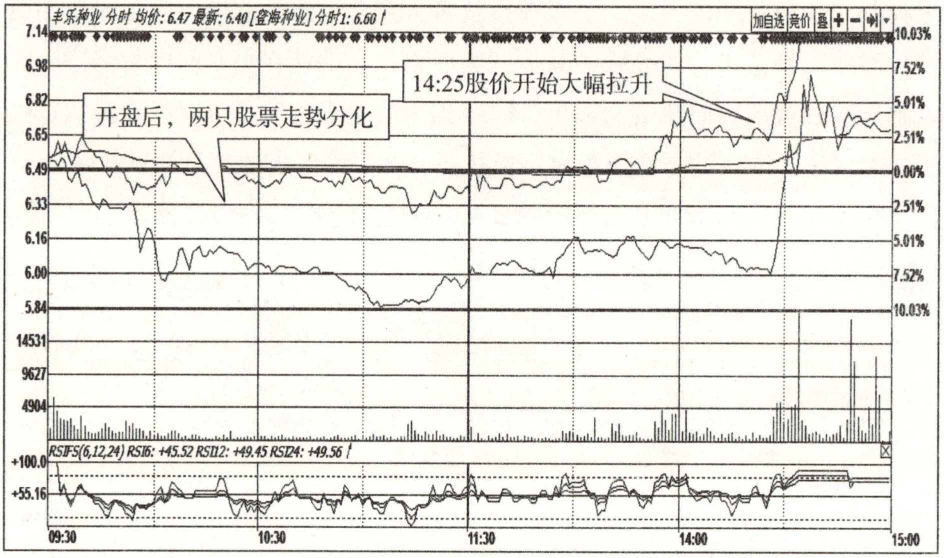

图 2-8　丰乐种业（000713）与登海种业（002041）分时线对比图

从图 2-8 中可以看出，2018 年 7 月 6 日开盘后，丰乐种业的分时线和登海种业的分时线开始出现分化迹象：丰乐种业的分时线与登海种业的分时线距离越来越大，不过，鉴于当日大盘走势较弱，丰乐种业的分时线也只是在开盘价附近徘徊。尽管投资者可以判断丰乐种业的股价走势强于登海种业，但此时也不应入场交易。

受中美贸易摩擦影响，资金在 14:25 开始拉升农业板块，丰乐种业的分时线被迅速拉升。登海种业的分时线尽管也有所上升，但拉升幅度较小，投资者此时可以断定丰乐种业的走势较强，属于这一波拉升中的强势股。

此后，丰乐种业的股价迅速被拉升至涨停板位置，强势尽显。

第二节 挖掘强势股的金矿

强势股特别是一些短线强势股的形成，都是由资金推动形成的。主力资金的关注，是一只股票走强的基础。当然，这些资金是不会随便操作一只股票的，他们也有基本的选股逻辑和偏好。大家翻看短线强势股记录就会发现，有些板块或类型的股票相比其他股票更容易成为资金热炒的对象。这些股票包括小盘股、龙头股、绩优股、新股等几类。

一、有故事就有炒作题材

题材股是指因政策、突发事件、技术革命、重磅新产品等重大因素影响而受益并被炒作的个股。几乎每年都会出现一些被重点炒作的题材股，如2008年的农业股、2009年的海南和甲流股、2010年的稀土股、2011年的高铁和水利股、2013年上海自贸概念股、2017年的雄安新区概念股等。

一般情况下，具备同一题材的股票有很多，这时，题材股中最有故事的那只股票就有可能成为涨势最猛的一只股票。在题材股里要选最佳题材股，其操作要点如下：

第一，大盘处于盘整或上涨趋势中。

第二，股价处于底部盘整或上涨中期。

第三，该板块所具备的题材是其他板块所不具备的，且预期能够给该板块上市企业带来丰厚的收益。

第四，一般情况下，具备同一题材的股票有很多，这时投资者就要选择最贴近题材的或者收益可能最大的股票。

第五，股价启动前已经出现了资金流入迹象。

第六，股价携量突破重要阻力位时，往往就是该股的最佳买点。

下面来看 2011 年钛白粉概念中的安纳达的走势，如图 2-9 所示。

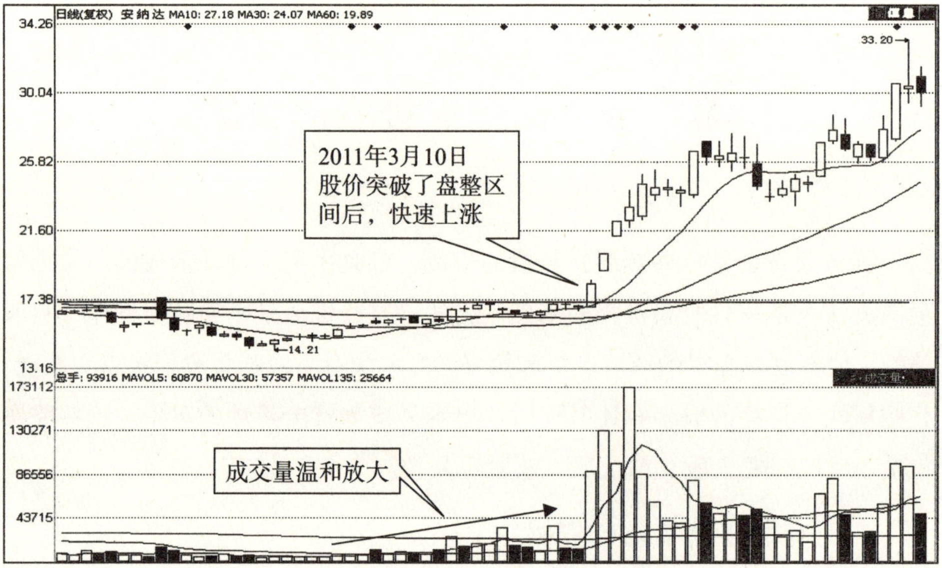

图 2-9 安纳达（002136）日 K 线走势图

如图 2-9 所示，2011 年，金红石型钛白粉价格短短半年多的时间涨幅即高达 36.4%，成为无机化工领域炙手可热的品种。因此，以安纳达为首的钛白粉企业一度在 A 股市场掀起热浪。

2011 年 3 月 10 日，安纳达的股价启动了上涨行情。股价在突破了盘整区间后持续上攻，使股价在数个交易日内上涨了近 100%。

投资者通过对该股启动前走势的观察可以看出，该股在启动前，成交量已经出现了温和放大，说明已经有炒作资金开始介入。3 月 10 日，该股大幅放量时，投资者即可跟进买入该股。

二、题材股中寻找大龙头

如前所述，题材股是一个盛产强势股的金矿，但这并不意味着所有的题材股或相近的题材股都能有很好的涨幅。无数次市场实践证明，每一个题材催生出的牛股只有几只，有时可能只有一只。这时候，选对题材、选准股票就是投资者首先要考虑的问题。只有选到题材股中的大龙头，才是交易强势股的关键。

题材股中寻找大龙头的操作要点如下：

第一，题材契合度。题材契合度越高，越容易获得市场资金的青睐，也越容易成为资金炒作的龙头股。

第二，盘子大小。通常情况下，盘子相对较小的股票更容易获得资金的青睐。市场上，短线炒作的资金以游资为主，他们的资金量有限，另外资金还有相当高的成本，因此盘子相对较小的股票更容易成为他们的炒作对象。

第三，某一题材板块中若有比较著名的股票，往往更容易成为领涨的龙头股。操作的股票具备较高市场关注度的话，在炒作接近尾声时，容易有人来接盘。只有股票具备较高的热度，才能吸引足够的跟风盘，炒作资金才能安全、顺利地撤出。正因如此，投资者在炒作强势股时，应避免介入股价被拉升至高位的股票。

下面来看中国中车的案例，如图 2-10 所示。

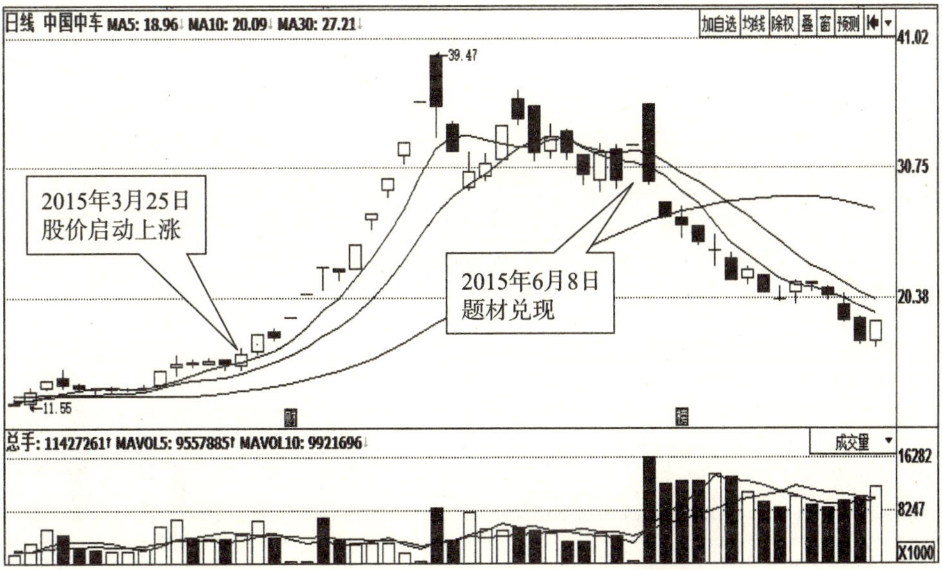

图 2-10　中国中车（601766）日 K 线走势图

中国中车（前期称“中国南车”，2015 年 6 月 8 日与中国北车合并后，改称“中国中车”）是 2015 年央企改革概念的龙头股，有“中国神车”之称。随着合并预期的不断升温，中国中车自 2015 年 3 月 25 日，开始启动了一波上涨行情。股价在攀升过程中，有关合并的传闻越来越多，使得这一概念成为当时的热门概念，涨势很猛。

2015 年 6 月 8 日，中国中车完成合并，重新上市后，只出现了一个涨停板，就开始了一波快速杀跌行情。其实，这也是所有概念股炒作的缩影，即利好兑现前，大幅炒作；利好兑现，就会开始下跌。

再来看北京文化的案例。

2018 年 7 月 5 日，《我不是药神》这部影片正式登陆各大影院。由于影片质量过硬，拥有良好的口碑，因此该片热度持续走高，票房也随之节节攀升。一时间，《我不是药神》概念股横空出世，很多与之有关联的股票都出现了一定幅度的上涨。不过，在这些概念股中，北京文化无疑是契合度最高、涨幅较大的股票，因而北京文化成为该概念的龙头股，如图 2-11 所示。

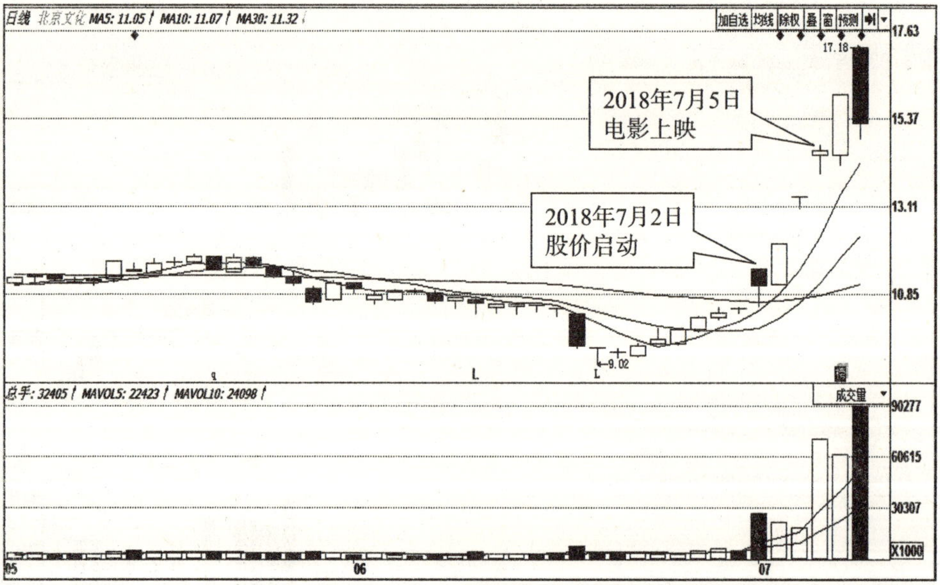

图 2–11　北京文化（000802）日 K 线走势图

北京文化的股价在 2018 年 7 月 2 日跳空高开高走，直接放量突破多条均线，这属于典型的股票起涨信号。当天距离《我不是药神》的上映还有两天时间，这说明市场炒作资金已经从该电影前期的宣传中嗅到了影片的价值，于是在电影上映前即开始入场炒作股票。

其后两个交易日，北京文化的股价连续以涨停价收盘。7 月 5 日，影片正式上映。上映之后，该影片的市场反应比之前的预期还要好，而此时股价已经上涨到较高位置了。换句话说，当电影正式上映时，股价炒作已经进入了尾声。后面尽管股价还有两个交易日的上涨，但都是主力资金为了出货做出的诱多行为，投资者宜谨慎。

通过北京文化的炒作过程，投资者可以大致了解一些资金炒作强势股的过程：先是在利好若有若无的时候入场拉升股价，大多数投资者保持观望态度；其后利好出现，资金奋力向上推高股价，主力也开始同步出货，很多投资者发觉利好来临，纷纷追高买入股票；最后主力出货完毕，股价下跌，很多投资者被套在高位。

三、绩优股中挖掘长线强势股

一只股票的内在价值或者预期的内在价值越大，股价也就越容易被推升至高位。也就是说，若一只股票能够长期保持较强的盈利能力，那么其股价也必定会随之不断走高，这类股票在市场上被称为绩优股或白马股。

站在一个较长的时间维度上看，市场上的长线强势股股价总是处于震荡上升趋势。操作长线强势股与短线强势股完全不同，有如下操作要点：

第一，选股时，要更加关注绩优股。股票本身的质地比股价走势更重要。绩优股也会随着大盘暴跌出现下跌走势，但跌势一般不会持续太久。

第二，选股时，要考虑基金入驻的情况，管理层持股、增持与减持情况，避免选择基金公司和管理层都在抛售的股票。

第三，操作长线强势股需要长期持股，避免短线频繁交易。

贵州茅台一直以来是作为 A 股市场的标杆和绩优股而存在的，其股价也名列所有上市公司之首。贵州茅台的日 K 线走势如图 2-12 所示。

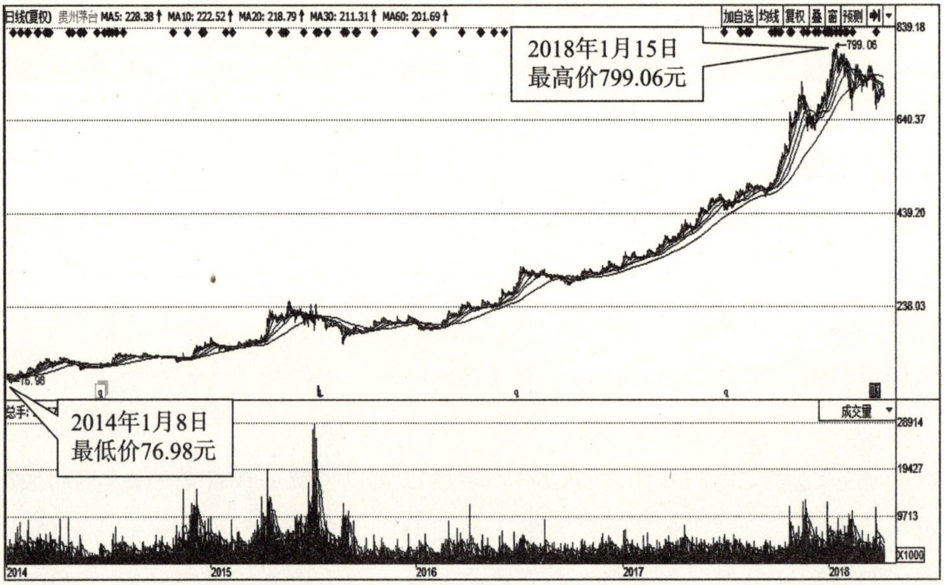

图 2–12 贵州茅台（600519）分红融资情况

从图 2-12 可以看出，2014 年 1 月 8 日到 2018 年 1 月 15 日，短短四年时间，贵州茅台上涨了十倍有余。也就是说，投资者在 2017 年之前的任何时间买入贵州茅台并持有，都可以获利不菲。

贵州茅台的股价能够一路高歌猛进，与其本身强大的获利能力密不可分。下面来看该股的每股收益情况，如图 2-13 所示。

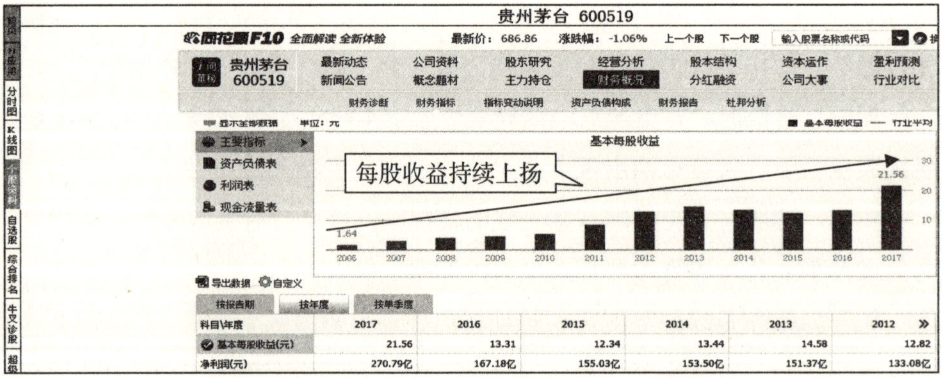

图 2–13 贵州茅台（600519）每股收益变化

从图 2-13 可以看出，贵州茅台近年来一直保持着较高的收益水平，特别是 2017 年每股收益更是大幅提升。从图 2-12 中可知，2017 年是贵州茅台股价涨势最猛的一年。由此可见，长线强势股之所以能够长期保持强势，主要是因为其内在价值不断提升。

长线强势股更多属于成长股分析的范畴，本书提到的强势股如无特殊说明，均指中短线强势股。

第三章

强势股启动确认分析框架

抓住了强势股启动上涨的机会，就等于抓住了获利机会。主力在大幅拉升股价前，往往会采取一些行动来掩饰自己的操盘计划，不过，投资者仍可通过盘面上的一些异常变化捕捉到强势股即将启动的信号。这些盘面上的异动包括K线异动、技术指标异动、成交量异动等。

仔细研判该股涨势启动点，可以发现如下几个特征：

第一，K 线向上突破多条均线。股价向上突破前，各条均线出现了黏合形态，说明股价正在选择突破方向。当股价自下而上突破均线时，意味着股价将迎来一波上升走势。

第二，成交量温和放大。股价上涨需要成交量的配合，特别是股价向上突破一些重要阻力位时，更需要成交量放大相配合。不过这里有一个度需要掌握，股价向上突破阻力位时，成交量放大若干倍是正常的、健康的。若成交量达到了阶段天量，则是一种非健康的状态，未来股价走势具有很大的不确定性。

第三，技术指标异动。通常情况下，MACD 指标在 0 轴上方形成金叉，意味着股价将开始上升。

如图 3-1 所示，中国软件的股价在 2018 年 3 月到 5 月出现了震荡上升走势，特别是从 2018 年 4 月 16 日开始，该股股价出现了一波快速上升走势，成了那一时段风光无两的强势股。

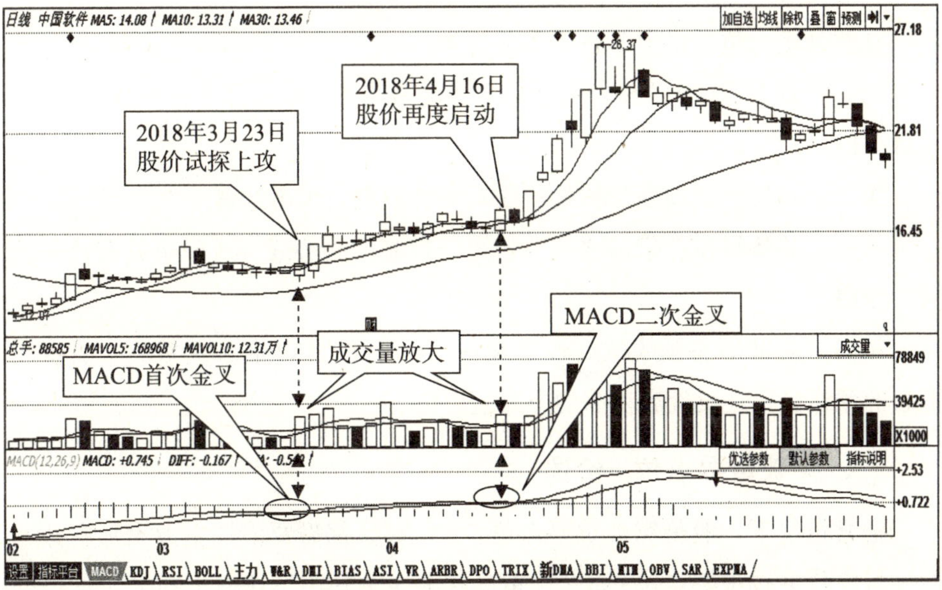

图 3-1　中国软件（600536）日 K 线走势图

中国软件的股价在 2018 年 3 月 23 日向上突破均线时，MACD 指标同步在 0 轴上方出现金叉，此后股价确实出现了震荡上扬走势。4 月 16 日，MACD 指标在 0 轴上方第二次出现金叉，则属于股价起涨信号了。

第一节　突破强阻力位形态

强阻力位是指那些对股价上攻具有极强阻力作用的点位。这些点位可能是以前股价的波动区，在该位置聚集了大量的套牢盘，或者因为投资者的心理作用，将其看成重要的止盈位，如整数关口位置、均线所在位置，特别是一些中长期均线所在的点位。K 线若能突破这些强阻力位，说明主力不惧套牢盘流出和散户的抛盘，决心要把股价拉升上去，因为主力不可能当套牢盘的接盘侠，他们也需要利润，而且是更多、更为丰厚的利润。正因如此，股价突破重要阻力位后，往往都能上升一定的幅度。

这些强阻力位包括但不限于以下几类：

第一，重要点位 / 价位。如前一波段的最高点、最低点、密集成交点位、整数点位。

第二，均线位。周期越长的均线对股价的阻力作用越强。

第三，趋势线位。借助之前股价走势绘制的趋势线，对股价具有较强的阻力作用。

第四，底部形态颈线位。各类 K 线底部形态如 W 底、三重底、头肩底形态的颈线位，是股价启动前的重要阻力位。

一、突破重要点位 / 价位

通常情况下，股价突破重要点位 / 价位时，都需要消耗主力大量资金，而一旦股价突破重要点位 / 价位，就意味着主力还将继续向上拉升。这也是为何股价突破阻力位后，往往会迎来一波上涨走势的原因。形成这些重要点位/价位，主要基于两个原因：现实筹码堆积；投资者的心理因素。

1. 现实筹码堆积

现实中的筹码堆积区，一般都是前期高点所在的位置。很多投资者在此位置买入股票后，股价随即开始下跌，于是被套牢其中。当股价重新自低位上涨至该位置时，很多深套其中的投资者眼看解套时机来临，必然纷纷卖出手中的股票，股价很可能会因抛盘过重而回落。这也是前期高点位置成为重要阻力位的原因。

股价突破这类由大量现实筹码堆积形成的点位/价位时，需要注意下面几点：

第一，放量。股价向上突破这些点位时，成交量放大是其最主要的特征。只有成交量放大，才能说明主力有足够的实力吸纳先前的套牢盘，未来才可能继续向上拉升股价。通常情况下，成交量会放大到前一交易日的若干倍。

第二，股价大幅拉升甚至出现涨停板。股价向上突破这些点位时，势必会出现激烈的多空交锋，要么多头败退，这种情况会强化此点位的阻力作用；要么空头败退，多头趁势拉出涨停板。

第三，股价向上突破前，各类技术指标早已发出买入信号，甚至可能发出超买信号。

下面来看通宝能源的日K线走势，如图3-2所示。

2014年12月19日，通宝能源的股价在创出高点后出现下跌走势，其后又出现了震荡反弹行情。在高点买入股票的投资者都被套牢于高位，此后若股价能够再次来到该位置，这些投资者势必会因解套而卖出手中的股票，所以该位置会对股价具有较强的阻力作用。

2015年1月底，通宝能源的股价在缓慢上涨一段时间后出现走强态势，3月20日股价以放量涨停的方式突破了前期高点，这说明股价将会走出一波上涨行情。

股价向上突破前期高点时，各条均线呈多头发散排列，且KDJ指标进入了超买区域，这说明股价短期将呈强势，投资者可以买入该股。

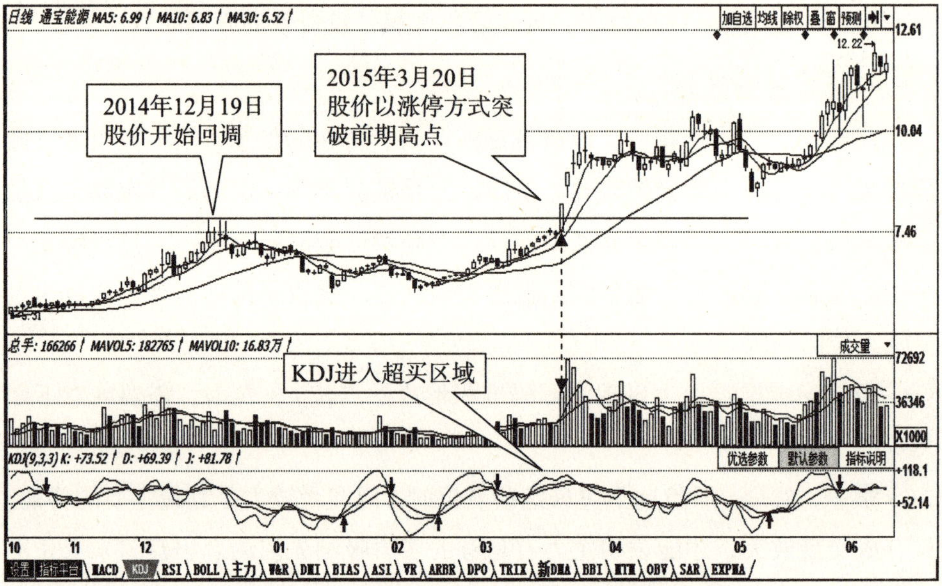

图 3-2 通宝能源（600780）日 K 线走势图

2. 投资者的心理因素

心理因素形成的重要点位 / 价位多为整数关口，可能也有个别的历史高点。这些位置并不一定存在大量的套牢盘，即使有被套牢者，也早已割肉离场。这些点位 / 价位能够对股价起到阻力作用，完全是投资者的心理因素导致的，即很多投资者将其看成一道难以逾越的障碍，因此这些点位 / 价位具有了较强的阻力作用。

股价突破这类由心理因素形成的点位 / 价位时，需要注意以下几点：

第一，市场氛围决定突破的成败。若市场做多气氛较为浓厚，那么，这些因心理因素所形成的阻力点位 / 价位的阻力作用将会弱很多，股价可以快速拉升突破阻力位；反之，则这类点位 / 价位的阻力作用将会非常强大，甚至会成为股价在一段时间内的"铁顶"。

第二，成交量持续放大。尽管没有套牢盘，但毕竟很多投资者将这些点位 / 价位看成了比较重要的阻力位，出于避险心理，也会有部分抛盘涌出，因而成交量放大是股价有效突破这些点位 / 价位的条件之一。

第三，股价向上到达阻力点位 / 价位甚至略有突破，但很快又回到该点位 / 价位下方时，不能认定是有效突破。股价至少连续三个交易日站在阻力点位 / 价位之上，才能认定突破有效。

下面是贵州茅台的日 K 线走势，如图 3-3 所示。

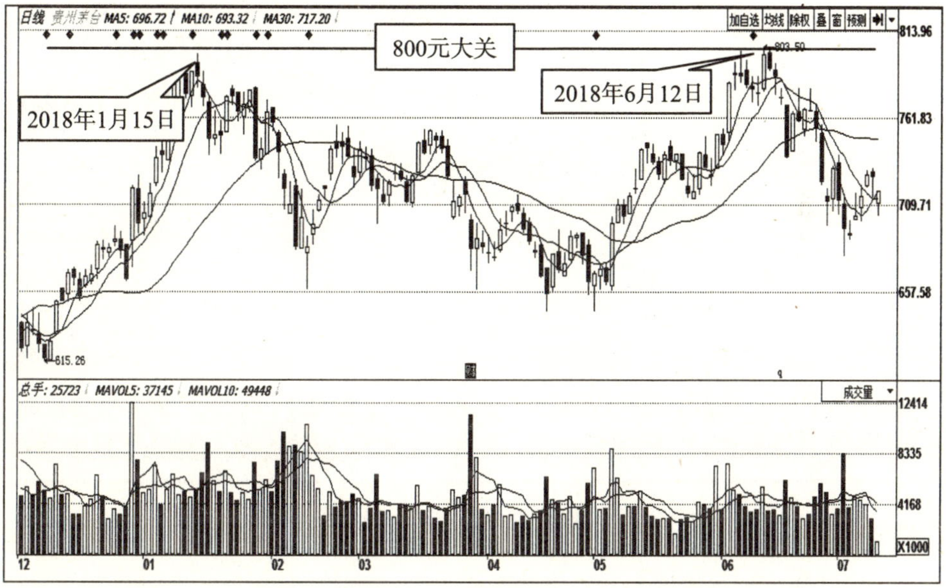

图 3-3　贵州茅台（600519）日 K 线走势图

自 2015 年年底开始，贵州茅台走出了一波波澜壮阔的大牛市。到了 2018 年年初，该股股价已经逼近 800 元大关。市场上很多投资者都将该位置看成该股股价的一个重要关口。股价若能向上突破该位置，则会迎来一波新的上涨走势，但此位置对股价具有很强的阻力作用。

2018 年 1 月 15 日，该股股价顺势上升来到 800 元附近，但因很多投资者对股价能否突破该位置存有疑虑，抛盘涌出较多，股价对该价位突破未果，反向开始下跌。其后，该股股价经过五个月的整理调整后，于 2018 年 6 月 12 日再次来到 800 元关口附近，并于 6 月 12 日和 6 月 13 日短暂突破了 800 元的位置，但都没有站稳此位置，随后该股又出现了一波调整走势。

其后，800 元的位置因套牢盘堆积和心理因素叠加而强化了对股价的阻力作用。当股价再次来到该位置附近时，投资者必须谨慎对待。

下面是长春高新的日 K 线走势，如图 3-4 所示。

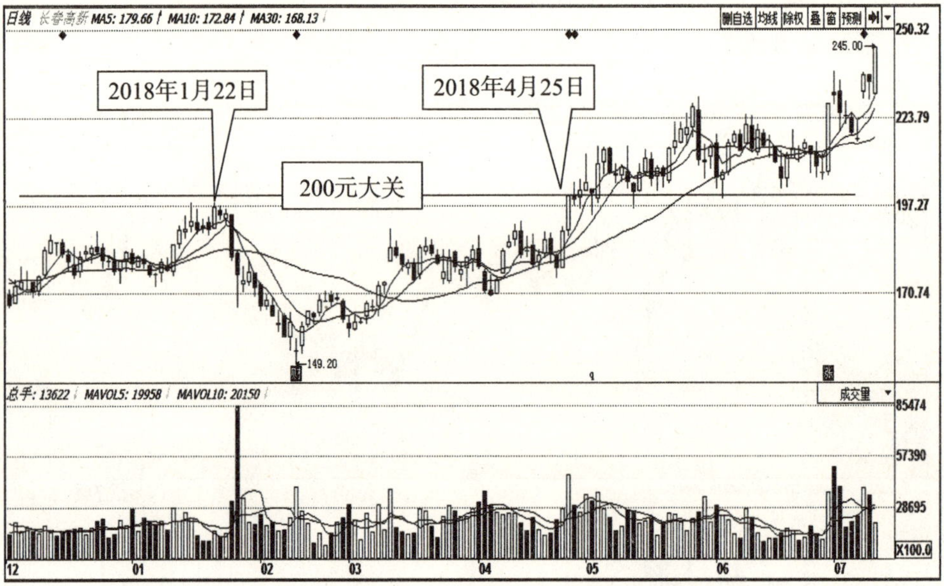

图 3-4　长春高新（000661）日 K 线走势图

自 2017 年下半年开始，长春高新走出了一波上涨走势。到了 2018 年年初，该股股价已经逼近 200 元大关，市场上很多投资者都将该位置看成该股股价的一个重要关口。股价若能向上突破该位置，势必会迎来一波新的上涨走势，但此位置对股价也具有很强的阻力作用。

2018 年 1 月 22 日，该股股价顺势上升到 200 元附近，但因很多投资者对股价能否突破该位置存有疑虑，抛盘涌出较多，股价对 200 元的价位突破未果（当日最高价 197.77 元），开始反向下跌。其后，该股股价经过近三个月的调整后，于 2018 年 4 月 25 日放量大涨，来到 200 元关口附近，并在下一个交易日突破了 200 元的位置。此后，该股经过几个交易日的震荡调整，又出现了一波上攻走势。

二、突破均线

均线，本质上是一条投资者持仓的成本线。例如，30 日均线就是 30 日内买入股票的投资者的平均持仓成本。借助均线，投资者可以了解自己的持仓成本与市场上所有投资者的持仓成本相比处于什么位置。若自己的持仓成本低于大多数投资者，那么，自己的盈利机会将会增加；反之，亏损的可能性很高。

同时，均线位置很容易被看成股价涨跌的一个分水岭：股价处于均线上方时，大部分投资者处于盈利状态，基于盈利效应，会有更多的投资者愿意入场买入股票，股价因而继续上攻的概率更大；反之，若股价位于均线下方，则说明大部分投资者处于亏损状态，投资者不愿意入场买入股票，股价继续下跌的概率更高。股价向上突破均线，则意味着市场氛围将会发生改变，也会有更多的跟风盘涌入。

股价突破均线位时，需要注意以下几点：

第一，越是长期均线，对股价的阻力作用越强。股价想要突破该均线，需要的成交量也就越多，因此，成交量放大是股价突破均线位的一个基本要求。

第二，股价完成对中长期均线的突破后，继续上行的概率要远远大于对短期均线的突破。

第三，股价突破均线之前，若各条均线呈黏合状态，此时向上突破这些均线，则意味着将会出现大幅上涨行情。

第四，股价向上突破阻力作用越强的均线，突破后越容易展开上升波段。

下面是健帆生物的日 K 线走势，如图 3-5 所示。

从 2017 年年底开始，健帆生物走出了一波下跌走势。股价在下跌过程中曾出现了若干次的反弹走势，不过，当股价于 2017 年 12 月 18 日和 2018 年 1 月 25 日反弹至 30 日均线位置时，均因 30 日均线的阻力而重新下跌。由此可见，30 日均线对该股股价具有很强的阻力作用。

2018 年 3 月 1 日，健帆生物的股价放量突破 30 日均线，且 5 日均线和 10 日均线同步突破 30 日均线，这属于典型的看涨信号，投资者可以考虑买入该股。

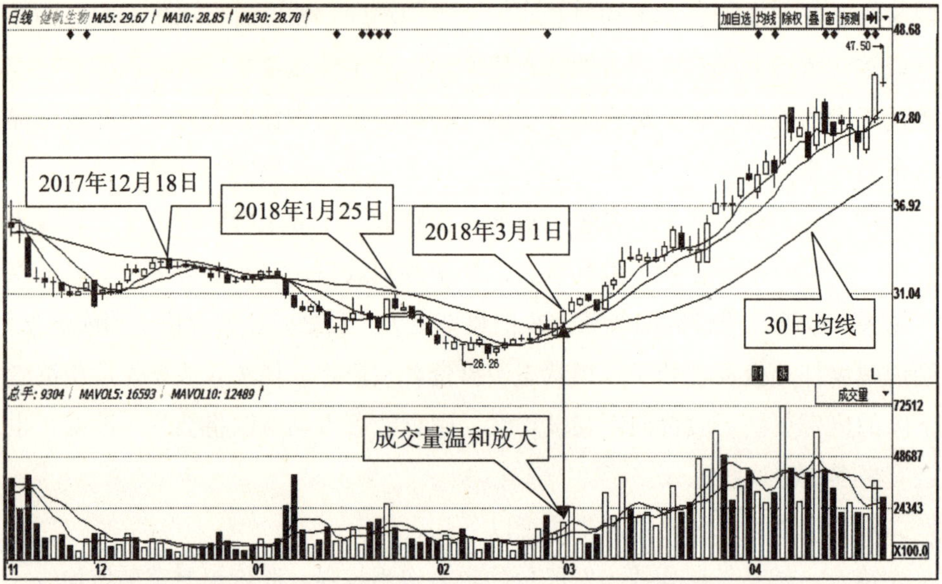

图 3–5 健帆生物（300529）日 K 线走势图

其后，该股发动了一波快速上涨行情。

三、突破趋势线

趋势线，是根据股价运行过程中所形成的高点或低点绘制的能够反映股价走势规律的直线。趋势线主要是根据道氏理论中股价运行趋势理论绘制的。股价的运行趋势主要包括三种：上升、下降和水平。

在股价运行过程中，如果出现的每个波峰与波谷都高于前一个波峰与波谷，那么就是上升趋势。如果每个波峰与波谷都低于前一个波峰与波谷，那么就是下降趋势。如果前后的波峰与波谷基本持平的话，那么就是水平趋势，或者称为横盘趋势、震荡趋势。将股价上升趋势中回调低点连接在一起，就构成了上升趋势线；将下降趋势中反弹的高点连接在一起，就构成了下降趋势线。

研判强势股时，需要的趋势线并非一条上升趋势线或下降趋势线。通常情况下，股价对下降趋势线的突破仅能说明股价有结束下降趋势的可能，并不能说明股价将发动一波幅度较大的上涨。为了捕捉到强势股，还需要一条按照下降趋势线的画法绘制的向右上方倾斜的趋势线，即通过股价震荡走高的高点绘制一条趋势线。如果股价能够放量突破该趋势线，则意味着股价将迎来一波幅度较大的上升走势。

股价突破该趋势线的操作要点如下：

第一，股价经过一波缓慢上升或震荡上升后，形成了若干高点，将这些高点连接，就构成了股价上升的阻力线。股价每次到达该线位置，都可能会因为遇到阻力而回调。

第二，股价向上突破该趋势线时，需要成交量放大相配合。也就是说，只有成交量放大，才能认定股价对趋势线的突破为有效突破。

第三，该趋势线对股价的阻力作用越强，股价完成突破后，上涨的幅度也越大。

下面是华胜天成的日 K 线走势，如图 3-6 所示。

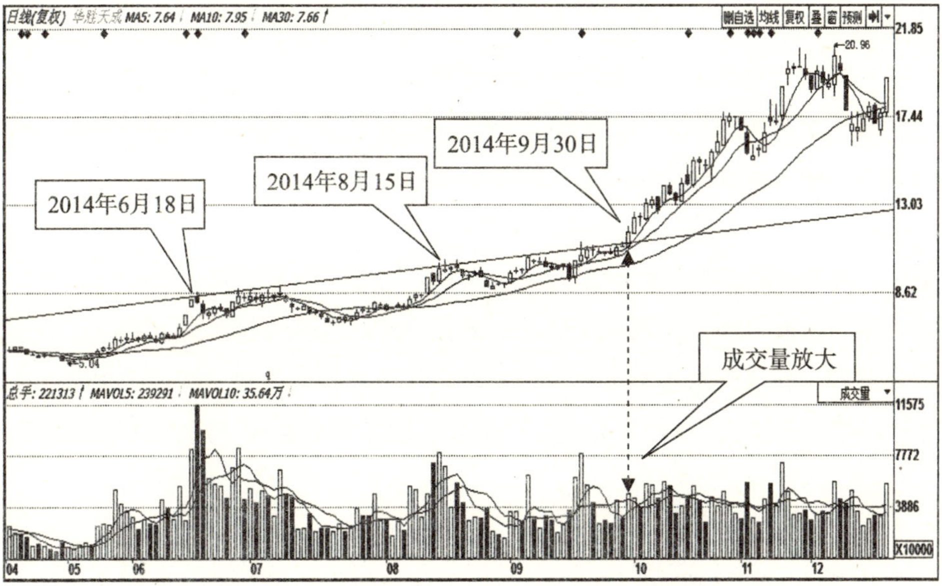

图 3–6　华胜天成（600410）日 K 线走势图

从 2014 年下半年开始，华胜天成走出了一波震荡上升走势。股价在震荡上升过程中曾于 2014 年 6 月 18 日和 8 月 15 日出现了加速上升走势，不过，当股价上升至某一高点位置后都出现了回调。将6月18日和8月15日的高点用直线相连，绘制一条趋势线，这条趋势线就是股价上升的压力线。

2014年9月30日，华胜天成的股价放量突破该压力线，这属于典型的加速上升信号，投资者可考虑加仓买入该股。

其后，该股发动了一波快速上涨行情。

四、突破经典底部形态颈线

出现经典底部形态，往往被看成是股价运行趋势反转的信号。当股价自底部区域反向上攻，并突破经典底部形态的颈线位时，往往意味着股价继续上攻的概率较大。

经典底部形态的颈线位，本质上是一条股价震荡反弹的阻力线。例如，三重底或头肩底形态中的颈线位，就是由两个反弹回落的高点连接而成的，这条线类似于股价上升的趋势线。当股价放量突破颈线时，说明该线原有的阻力作用已经转为支撑作用，未来股价继续上升的概率增大。

股价突破经典底部形态颈线的操作要点如下：

第一，股价在底部形态形成过程中，大盘出现了企稳反弹甚至震荡上升的走势，这就为股价反攻提供了外围环境支持。

第二，通常情况下，股价在底部形成的三重底或头肩底要比W底更为坚实，股价突破这类底部形态的颈线位后，上涨的概率更大。

第三，股价向上突破颈线位时，成交量最好能够同步放大。

第四，在底部形态形成过程中，若出现反复筑底走势，即底部由多于三个底部的形态构成（如四重底或若干重底），股价突破该底部形态的颈线位后，上攻的概率更大。

下面是涪陵榨菜的日K线走势，如图3-7所示。

从2016年年初开始，涪陵榨菜的股价突然出现了一波急速下跌走势。该股股价下跌过程中，制造了三个明显的低点，形成近似于三重底的底部形态。

2016年3月21日，涪陵榨菜的股价在前一交易日大幅上涨的基础上再

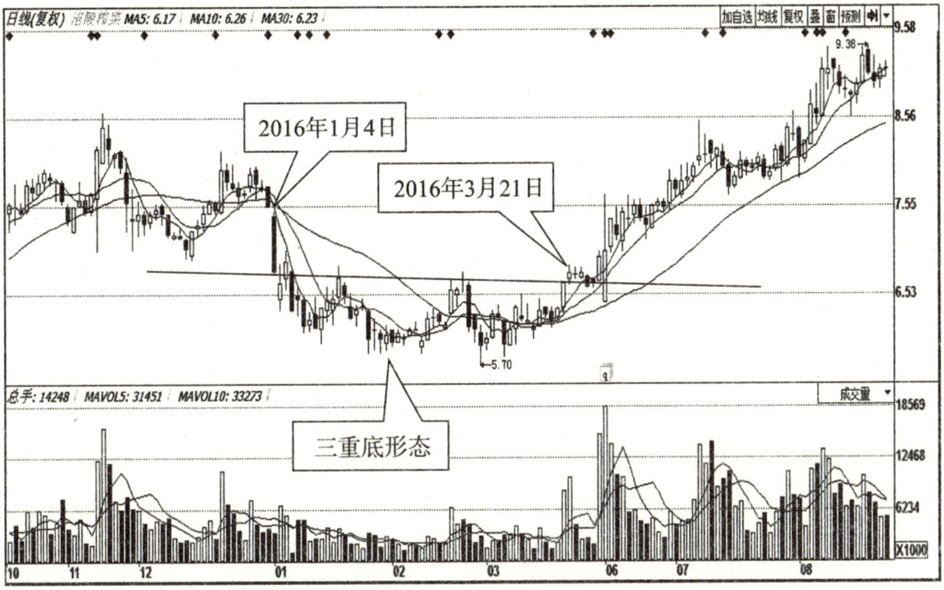

图 3-7 涪陵榨菜（002507）日 K 线走势图

度放量上升，并成功突破三重底形态的颈线位。说明股价将结束调整走势，未来股价上涨的概率很大，投资者可考虑执行买入操作。

此后，该股出现了一波快速上升行情。

第二节 回调遇强支撑位上行

强支撑位，通常是一些聚集了大量未成交买盘的价格区域。当股价回调至这类强支撑区域后，这些买盘就会入场买入股票，从而推动股价上行。

这些强支撑位包括但不限于以下几类：

第一，前期高点位置。这是一个由强阻力位转化而来的强支撑位。之前的阻力作用有多强，后期的支撑作用也就有多强。

第二，缺口。上升的价格缺口都是买方较多、卖方较少形成的，当股价回调至缺口位置时，先前的买方很有可能再次入场买入股票，从而推动股价上升。

第三，回调至中期均线位置。股价运行于均线上方，说明多方强势。当股价回调至中期均线位置，因均线支撑作用再度上升时，意味着股价将重新启动一波上涨走势。

一、回调遇前期高点支撑

如前所述，前期高点形成过程中，必然聚集了大量的套牢盘。当股价向上突破前期高点位置后，前期的套牢盘全部解套，且仍有大量买盘因股价升高而没有成交。这些投资者将前期高点位置看成一个较佳的买入点位，一旦股价回调至此位置时，势必入场买入股票，从而推动股价上升。

股价回调至前期高点后遇支撑反弹的操作要点如下：

第一，股价下跌到前期高点附近时，成交量往往会同步出现萎缩状态。如果成交量呈放大态势，那么股价跌破前期高点的可能性就会非常大，此时投资者不可轻易介入。

第二，股价下跌到前期高点位置，因受支撑而重新上涨时，如果成交量同步放大，则未来股价上涨的可能性更大。

第三，股价回落到前期高点附近时，投资者只需保持对该股的关注，待股价出现反转向上迹象时，再买入该股。

下面是盛洋科技的日 K 线走势，如图 3-8 所示。

2016 年 3 月 31 日，盛洋科技的股价创下一个阶段高点后出现回调走势。股价回调一段时间后再次上涨，并于 2016 年 5 月 19 日突破了前期高点。其后经过几个交易日的上涨出现回调，在股价回调过程中，成交量出现了萎缩态势。

2016 年 5 月 27 日，该股股价回调到前期高点附近，因受到支撑而重新上涨。在股价上涨时成交量出现了放大态势，说明该股未来上涨的可能性很大。下一交易日（5 月 30 日），该股股价重新站到 5 日均线上方，说明股价已经重新进入上升通道，投资者可以考虑加仓买入。

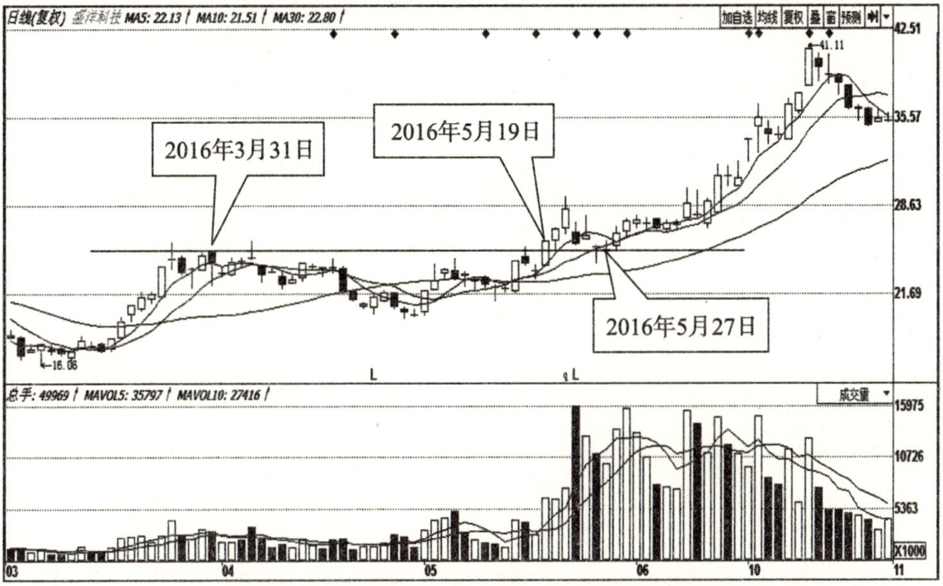

图 3-8　盛洋科技（603703）日 K 线走势图

此后，该股发动了一波快速上涨行情。

二、回调遇缺口支撑

通常情况下，产生缺口源于买卖双方对股价的某种认知空白。上升缺口就如同大家普遍认为股价将位于该区域之上，因此，当股价回调至缺口位置时，很多先前在缺口上方没有成交的买盘就会纷纷买入股票，促使股价重新回归上升通道。

股价回调遇缺口支撑的操作要点如下：

第一，通常缺口越大，支撑力度越强，股价下跌到缺口位置时，遇支撑上涨的可能性也就越大。

第二，股票创下阶段高点后出现回调时，成交量应该呈现萎缩态势，表明主力并没有出货，这也为该股未来上涨提供了必要条件。

第三，当股价遇缺口支撑上涨时，如果其他技术指标同步发出买入信号，将增加股价上涨的可能性。

下面是复星医药的日 K 线走势，如图 3-9 所示。

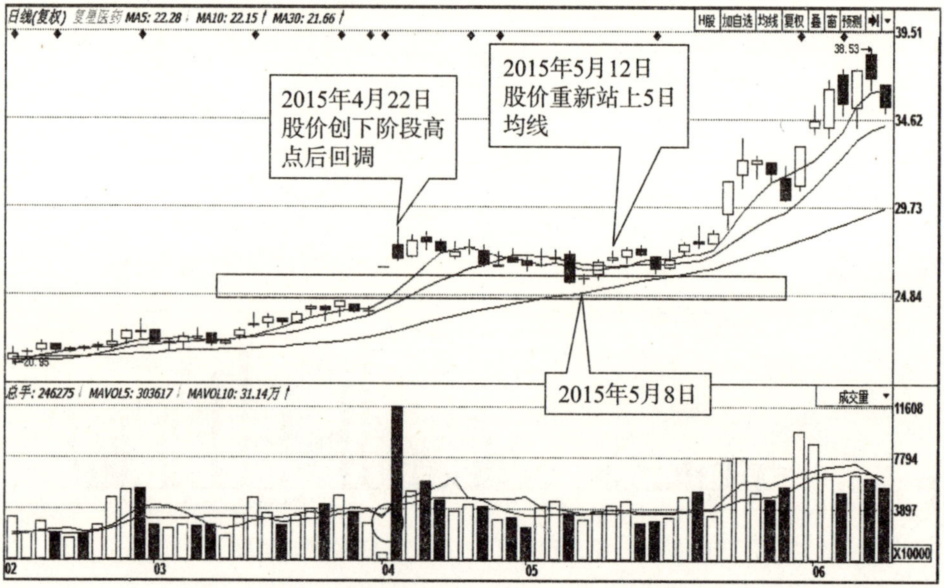

图 3-9　复星医药（600196）日 K 线走势图

2015 年 4 月到 5 月期间，复星医药的股价出现了回落遇缺口支撑重新上涨的走势，预示股价将有一波上涨行情。

复星医药的股价从 2015 年 4 月开始大幅度拉升，4 月 17 日该股以涨停报收，使 K 线图上出现了一个巨大的缺口。4 月 22 日，该股股价创下近期新高之后，出现震荡回调走势。5 月 8 日，该股股价在缺口区域获得支撑，此后重新上攻，并于 5 月 12 日重新站上 5 日均线。此时，投资者可考虑建仓买入该股。

其后，该股发动了一波快速上涨行情。

三、回调遇中期均线支撑

中期均线通常被看作股价运行趋势的重要参照线。股价运行于中期均线（如 20 日均线或 30 日均线）之上，则意味着股价中期呈强势，即使股价出现回调，投资者也可以安心持股；反之，若股价跌破中期均线，则意味着股价中期趋势有转向的可能，投资者宜卖出手中的股票。

当股价经过一波上升后出现回调，其回调至中期均线位置时，若能受均线支撑重新上升，则意味着均线对其具有较强的支撑作用，未来股价有重回上升通道的可能。

股价回调遇中期均线支撑的操作要点如下：

第一，均线周期越长，也就越稳定，支撑股价的强度越强。

第二，股价向中期均线回调过程中，成交量呈萎缩状态；当股价遇中期均线后出现反弹走势时，成交量应该呈放大状态。

第三，当股价遇中期均线支撑而上涨时，如果其他技术指标同步发出买入信号，将增加股价上涨的可能性。

下面是白云山的日 K 线走势，如图 3-10 所示。

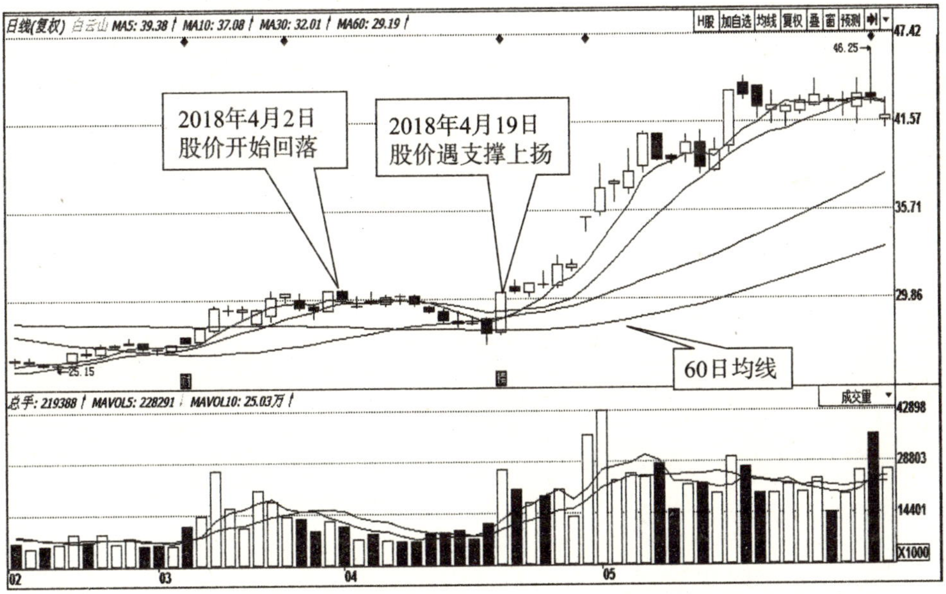

图 3-10 白云山（600332）日 K 线走势图

2018 年 4 月初，白云山的股价经过一波上升后出现回落迹象。其后，该股股价出现了震荡走低态势，并一路跌破了多条均线。

2018 年 4 月 19 日，白云山的股价跌至 60 日均线附近时，因受 60 日均线支撑，重新启动了上攻走势，且股价在上升当日成交量明显放大。投资者可考虑在当日买入该股。

此后，该股出现了一波幅度较大的上涨走势。

第三节 技术指标异动

技术指标发出的买入或卖出信号，是投资者判断股票买卖点不可或缺的工具。强势股启动期间，技术指标发出的不仅仅是简单的买入信号，而是一种增强型买入信号，有时可能会被解读成卖出信号。

例如，通常情况下，KDJ 指标进入 80 线上方，曲线 J 达到 100 线，说明股价超买，存在下跌的可能，而这个信号可能只是强势股启动的一个信号而已。

一般情况下，能够反映强势股即将启动的技术指标异动信号包括如下几类：

第一，强势超买信号。超买信号通常说明股价即将触顶回落，但这也可能是强势股即将启动的一个信号。

第二，增强版买入信号。单一金叉通常提示买入信号，双金叉或多金叉则在一定程度上能够起到强化买入信号的作用。

第三，多指标共振买入信号。不同类型的技术指标同步发出买入信号，可以增强买入信号的有效性。

一、强势超买信号

通常来说，技术指标发出超买信号，意味着当前市场买盘呈强势，且已经超过了卖方的力量，未来股价有见顶回落的可能。不过，强势股在启动时段，几乎所有技术指标都可能出现超买迹象。换句话说，技术指标超买只能说明股价即将触顶回落，但距离真正的回落可能会有一段时间，而这段时间就为强势股上攻提供了时间。

在所有技术指标超买信号中，KDJ 指标无疑是最具代表性的。当 KDJ 指标达到 80 线以上区域，特别是曲线 J 达到 100 线时，很可能是强势股启动的一个典型信号。

借助强势超买信号判断强势股时，需要注意以下几点：

第一，股价启动时，KDJ 指标迅速进入超买区域，曲线 J 达到 100 线，说明买方力量极为强势，股价在短期内有快速上攻的可能。

第二，股价启动时，成交量应该同步放大，但不能放出天量。一旦出现天量，股价后期走势就会出现上攻乏力甚至反向下跌的可能。

第三，技术指标自超买区域返回正常区域，例如 KDJ 指标自 80 线上方跌破 80 线，则意味着股价上攻行情可能会结束，投资者宜卖出股票。

下面是天华超净的日 K 线走势，如图 3-11 所示。

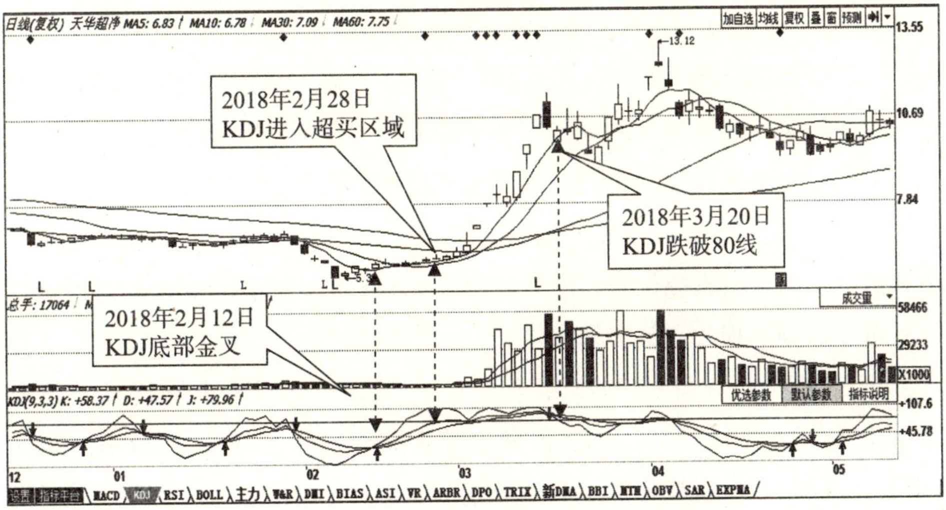

图 3-11 天华超净（300390）日 K 线走势图

2018 年 2 月初，天华超净的股价经过一波筑底走势后出现了回升迹象，并于 2 月 12 日出现了底部金叉，说明股价有即将启动反弹的可能。

2018 年 2 月 28 日，天华超净的股价经过几个交易日的短暂上升后，

KDJ指标进入超买区域，特别是曲线J达到了100线，说明KDJ指标显示超买。鉴于当时股价刚刚自底部启动反弹，投资者可以判断：股价未来加速上涨的可能性非常大。

2018年3月20日，该股股价经过多日上攻后出现上涨乏力迹象，KDJ指标自高位跌破80线，这说明股价上涨行情可能要告一段落，投资者宜减仓或清仓。

二、指标双金叉或多金叉信号

通常情况下，技术指标出现金叉属于典型的买入信号。若能在短期内连续两次出现质量较高的金叉，则说明股价存在大幅上涨的可能。技术指标能够在短期内出现两次以上的金叉，说明主力在拉升股价的过程中有一个明显的向下打压动作，这个打压动作持续时间很短，且只是主力拉升前的一次洗盘动作，未来主力继续拉升股价的概率极大。

下面以MACD指标的双金叉为例，介绍猎杀强势股的操作要点。

第一，DIFF快线与DEA慢线两次形成金叉时，必须全部位于0轴上方。

第二，两个金叉之间的死叉时间不能太长，而且越短越好。

第三，出现两个金叉期间，成交量不能明显放大。

第四，股价在重新上涨的同时，MACD指标出现第二个金叉，这预示着该股马上要进行大幅拉升，投资者宜迅速跟进买入股票，如图3-12所示。（“苏宁云商”现为“苏宁易购”）

苏宁云商的股价在2015年上半年出现了一波震荡上涨行情。该股MACD指标在2015年4月23日和5月4日分别形成了金叉形态，此时DIFF快线和DEA慢线均位于0轴上方不远处，且两次金叉之间的死叉时间不长，其间又无成交量异常放大情况，说明该股股价很快就会发动一波快速上涨行情。

5月4日，该股走出第二个金叉时，投资者可考虑买入该股。其后，该股发动了一波快速上涨走势，短期涨幅超过60%。

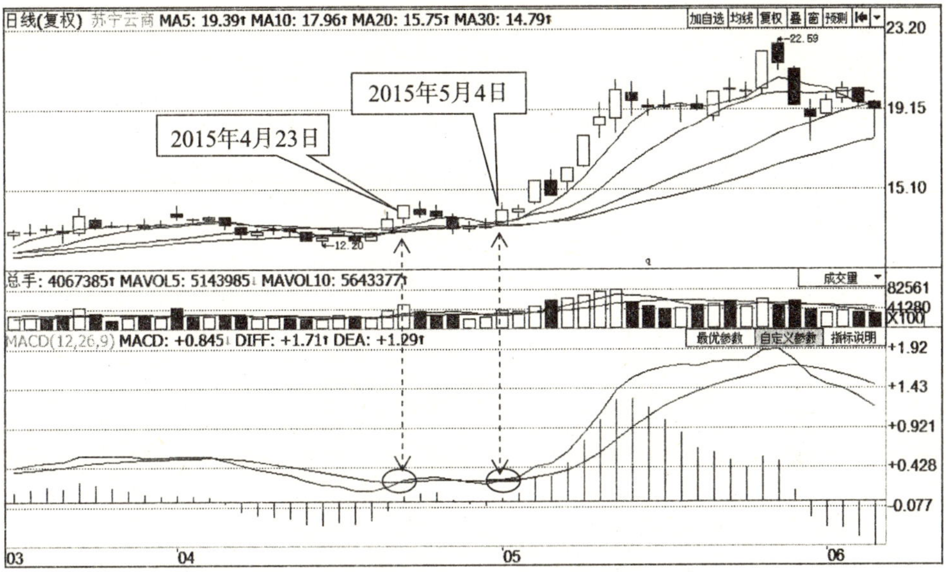

图 3-12　苏宁云商（002024）MACD 指标走势图

三、多指标共振信号

多指标组合是指利用两个或两个以上不同类型的指标进行组合，以便相互确认。多指标组合可以放在主要指标的多项信号合成之后进行。不同的指标有不同的分析角度，投资者首先要确定一个主要指标，然后进行分析，再针对该指标的缺陷确定与之互补的指标，最后实行分步组合。在操作的过程中要注意：尽量在不同类型的指标间组合；组合指标的数量要根据需要而定，通常 2 ~ 3 种即可。

下面以 RSI 指标与 MACD 指标金叉共振为例进行说明。RSI 指标与 MACD 指标金叉共振，是指在 RSI 指标发出金叉买入信号的同时，MACD 指标也同步发出波段金叉买入信号。

MACD 金叉是对 RSI 金叉买入信号的确认和强化，其具体操作建议如下：

第一，股价处于阶段底部或回调时，RSI 指标率先走出金叉形态，随后 MACD 指标也呈现金叉形态，两个金叉相隔的时间最好不要超过 3 个交易日。

第二，RSI 金叉值小于 50，MACD 金叉位于 0 轴上方，且成交量出现明显放大更佳。

第三，两个金叉出现时，股价位于 20 日均线上方更好。

第四，20 日均线向上，MACD 指标出现金叉时，为该股的最佳买点，如图 3-13 所示。

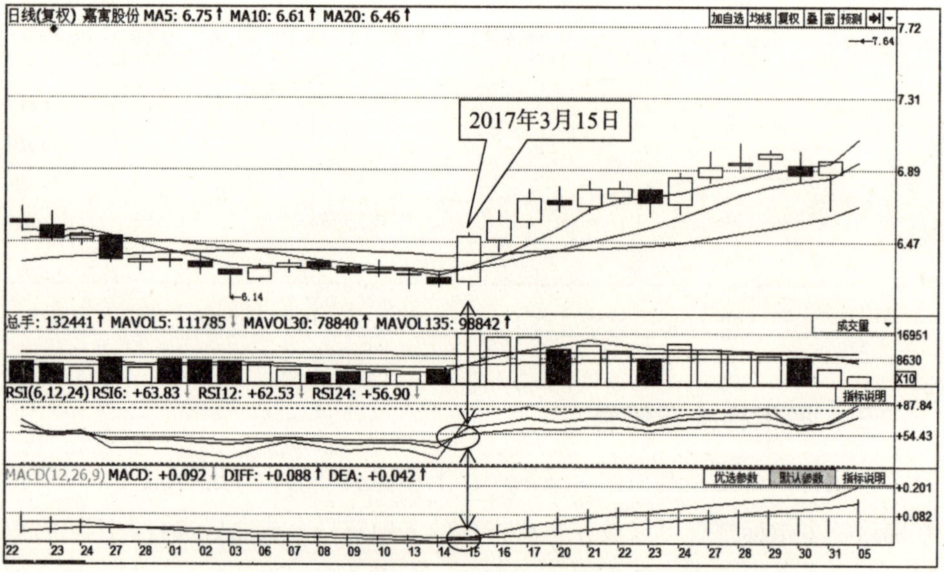

图 3-13　嘉寓股份（300117）日 K 线走势图

嘉寓股份的股价在震荡上涨行情后，于 2017 年 2 月底到 3 月初，该股出现了短暂回调，MACD 指标和 RSI 指标同步出现死叉形态。2017 年 3 月 15 日，该股 K 线以大阳线报收，且同步向上穿越 5 日均线、10 日均线、20 日均线等多条均线，给人一种股价运行趋势即将转向的感觉。

与此同时，该股 RSI 指标率先触底反弹并形成了低位金叉形态，且此交叉点位于 50 线下方，说明该交叉点的含金量较高，投资者宜密切关注随后的股价走势。MACD 指标在该日出现金叉，且此交叉点位于 0 轴上方，同样含金量十足。至此，RSI 金叉与 MACD 金叉出现共振，且股价此时已经顺利突破 20 日均线，说明股价短期内会有一波快速上涨行情。

第四节　成交量异动

量在价先。股价上涨或下跌前，成交量往往会先有反应。正常情况下，成交量会随着股价的上升而逐渐放大，股价下跌时则不需要成交量放大相配合。一旦股价出现放量下跌迹象，则说明股价存在破位下跌的可能。

在股价处于底部区域时，成交量温和放大，说明主力正在逐步建仓，未来股价上升的概率很大；反之，在股价上升到顶部区域时，若成交量再出现放大，则说明主力有出货的可能。

强势股启动阶段，成交量往往也会出现某些异动。例如，在股价启动前，成交量可能会有温和放大的迹象；股价启动瞬间，成交量可能会出现比较明显的放大迹象，通常比前几个交易日放大几倍到数十倍，但最好不要出现天量，否则股价的上涨很可能会演变成“一日游”。

一、异动形态——连续温和放量

价量同步温和上升，是一种股价即将启动的显著特征。若一只股票在启动前出现了较长时间的下跌和横盘整理，那么，此时再出现价量温和上扬，其后期涨势必然十分可观。

价量同步温和上升的操作要点如下：

第一，出现温和放量连续收阳走势前，走势必须处于下跌或是横盘整理行情中，且之前已经有了较大的跌幅。

第二，如果温和放量连续收阳出现在一段急速下跌行情之后，则不能把它看作是反转信号。因为这种走势后的温和放量上涨通常很难持续，只是下跌途中的一次技术性回调。

第三，出现温和放量之前，成交量必须有一个缩量的过程，且温和放量前的成交量已经萎缩到了一定程度。

第四，出现温和放量连续收阳之前，股价必须经历一个底部盘整的过程。这一横盘整理走势持续时间越长，说明底部换手越充分，未来股价的上涨空间也就越大。

第五，出现温和放量连续收阳走势时，投资者可以引入均线或其他技术指标，以便确定最佳的买入时机。

下面是大通燃气的日 K 线走势，如图 3-14 所示。

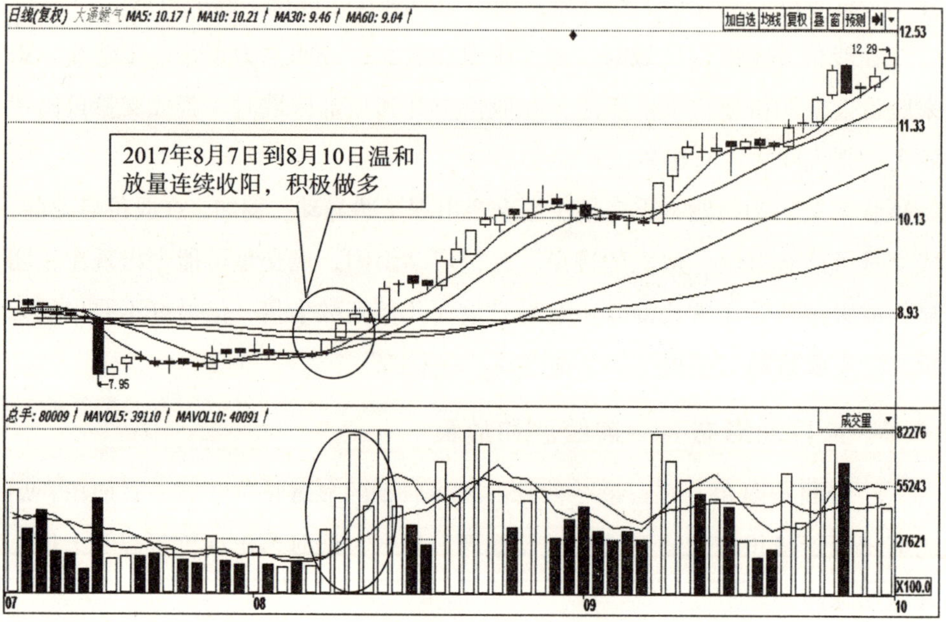

图 3-14　连续温和放量：大通燃气（000593）

2017 年 8 月 7 日到 8 月 10 日，大通燃气的股价从底部开始回升，连续收出多根不断创新高的小阳线，最底部的三根小阳线构成了“红三兵”形态。在股价不断攀升的过程中，成交量逐渐放大，形成温和放量连续收阳的走势。这种走势说明市场上的投资者对股价的上涨达成了基本共识，是看涨信号。

还需要说明的是，在温和放量上涨的同时，股价有效摆脱了底部的整理平台，预示着后市将有一波可观的上涨行情，投资者可以放心买入。

二、异动形态——低位放量大阳线

股价经过一波下跌后出现横向整理走势，成交量也会随之出现萎缩。由于股价波动幅度较小，因而市场上的投资者也必然缺乏交易的热情，导致成交量持续低迷。不过，市场上的主力永远不会做无用功，他们这是凭借磨人的走势，让散户失去耐心并逐渐放弃手中的筹码。当主力筹码收集即将结束之时，出现一根放量大阳线，宣告了股价之前的横盘趋势即将结束。这根放量大阳线也常常成为强势股启动的一个显著标志。

低位放量大阳线操作要点如下：

第一，低位大阳线产生之前，如果股价在底部经过较长时间的盘整，则大阳线的看涨信号更为可靠。盘整的时间越长，后市上涨的空间也越大。

第二，大阳线的实体越长，信号越强。

第三，收出低位大阳线当天，成交量越大，未来股价上涨的力度越大。

第四，如果大阳线没有上下影线，就形成了“光头光脚”大阳线。这种形态显示了一个意犹未尽的强势上涨，通常之后会有较大的上涨空间。

第五，低位放量大阳线如果一举击穿多条均线，就形成了一阳破多线走势，是更为明显的看涨信号。

第六，低位放量大阳线出现后，股价常常会横向整理几日后再度上涨。这是因为大阳线“用力太猛”，消耗较大，需要在中途调整“加油”。

下面是中体产业的日K线走势，如图3-15所示。

2016年7月底，中体产业的股价自反弹高点回落，经过两个月的下跌之后，成交量已经明显萎缩，出现地量。

2016年10月26日，该股低开后迅速走高，成交量也迅速放大，下午更是被封在了涨停板上。看到这种情形，投资者可以在盘中适量买入。当天的成交量是前一日成交量的5倍，且股价突破了前期的整理平台，这种放量突破走势更说明了该股将加速上扬。

该股小幅回调整理了两个交易日后，重新开始上涨。投资者可在股价重新站到大阳线收盘价位置时，加仓买入该股。

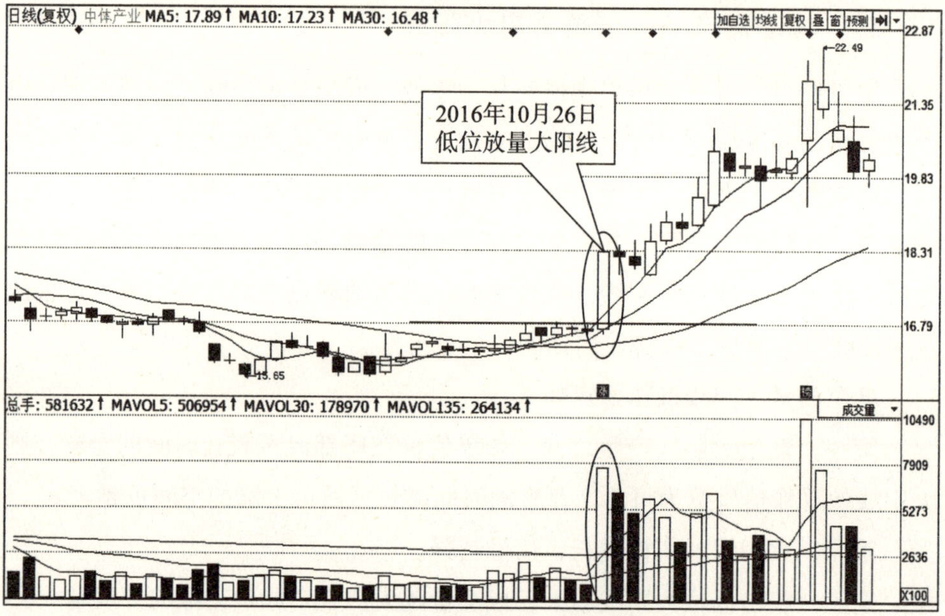

图 3-15　中体产业（600158）低位放量大阳线

三、异动形态——上攻初期缩量小阴线

很多强势股在启动阶段并不是直线向上拉升的，而是在快速拉升几个交易日后出现一个回调的小阴线（有时这个小阴线可能是一根假阴线），成交量也会出现萎缩。这个缩量的阴线通常是主力拉升股价时的洗盘行为，后期股价将恢复上升趋势。

上攻初期缩量小阴线的操作要点如下：

第一，出现缩量小阴线之前，股价应该处于明显的上涨行情中，且之前的上涨幅度并不是很大。

第二，股价下探时，一般不能跌破 30 日均线的支撑，否则后市可能引发一波下跌行情。

第三，如果最后一根阳线将前面的一根甚至三根阴线实体全部覆盖掉，那么看涨信号的可靠性更高。

第四，若是连续收出小阴线，则在形成第一根阴线时成交量可以略微放大，但之后的成交量必须保持缩量状态。

第五，从形成第一根缩量小阴线为起点的 5 个交易日内，股价必须有明确的止跌信号，否则这一连串小阴线就可能是下跌行情的开始。

第六，在缩量收阴的前一天和后一天，K 线图上出现的都是实体较大的阳线。如果中间的小阴线数量为一根，则有可能形成“多方炮”形态。如果中间的小阴线数量为三根，则可能形成“上升三法”形态。这两种 K 线组合都是看涨信号。

下面是天房发展的日 K 线走势，如图 3-16 所示。

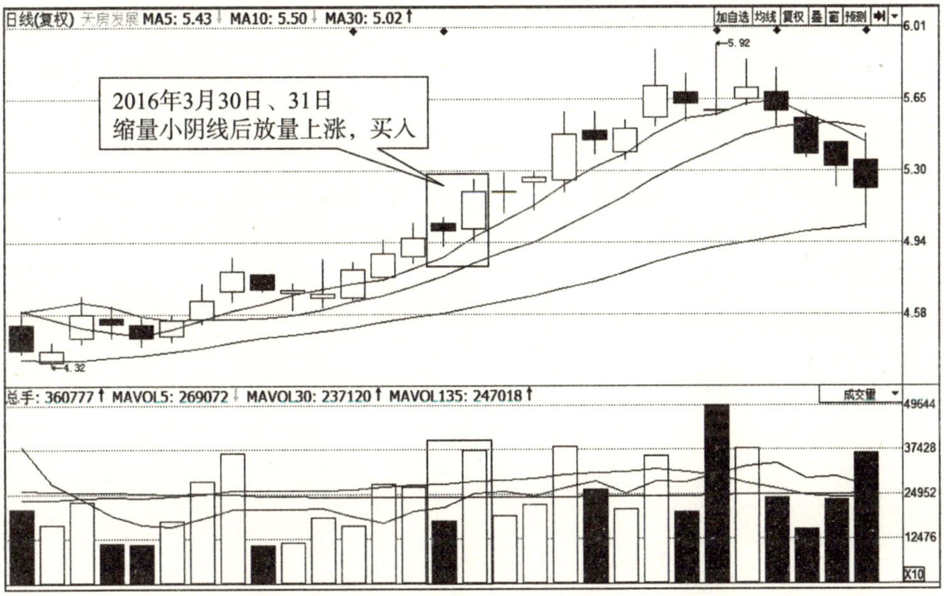

图 3–16　缩量小阴线后放量上涨：天房发展（600322）

2016 年 2 月 1 日和 9 日，天房发展的日 K 线图上出现了缩量小阴线后放量上涨走势。

从走势图上可以看到，天房发展经过几天的连续上涨之后，于 2016 年 3 月 30 日出现回调，当天收出小阴线，且成交量较前一日有所萎缩。这一小阴线是部分短线投资者获利回吐造成的。

2016年3月31日，该股低开高走，收出大阳线，成交量相较于3月30日明显放大，表明多方已经开始聚集力量再次上攻。看到这种情形，投资者可以在当天或次日适量买入。

第四章

强势股滞涨／触顶分析框架

强势股上涨过程中出现的回调整理与触顶回落总是让人难以区别。不过，有一点是可以肯定的：当股价上涨到一定程度后，推动股价上涨的力量势必会有所不足，这种情况一定会在盘面上有所反映。投资者若能抓住这些盘面上的变化，就有可能及时发现股价触顶的信号，及时出货。

这些触顶信号包括：

第一，放量滞涨。正常情况下，成交量放大会与股价上升同步。当成交量持续放大，股价却无法上升时，则说明股价有触顶的可能。

第二，量价异动。股价经过一段时间的上涨后进入顶部区域，成交量可能会出现异常放大迹象，这往往意味着股价可能会反转向下。

第三，背离。股价创新高时，若成交量或技术指标不能同步创下新高，则说明股价与成交量或技术指标存在一定的背离，这也属于典型的触顶信号。

第一节　放量滞涨

放量滞涨，是典型的强势股触顶信号。主力运作强势股与普通投资者交易股票不同，主力资金量远比散户大，他们建仓、出货也要比普通投资者难度大。当股价被拉升至主力预先设定的区域后，主力会通过股价震荡来掩护其出货行为。一些经典的顶部形态，其实就是主力出货时留下的痕迹。

一、放量滞涨要点

通常情况下，随着成交量的不断放大，股价也会逐步走高，这是一种非常健康的量价配合形态。出现放量滞涨形态，说明股价运行已经进入了一个非常态区间。可以这样说，出现放量滞涨形态本身就是主力为了掩饰出货而刻意制造出来的一种量价形态。

当主力将股价拉升至高位后，再向上拉升就需要耗费大量的资金。主力想要顺利出货，必须确保股价不能有较大幅度的下跌，因为跌势过猛，抛盘就会蜂拥而出，主力想出货就会变得异常艰难。让股价在顶部区域震荡，会给人一种即将突破的感觉，这样才能让散户主动入场接盘。一旦主力出货完毕，股价就会迅速下跌。股价在顶部区域震荡时间的长短，与主力出货所需时间有关。主力出货时间越长，股价在顶部区域震荡的时间也会越久。

放量滞涨的操作要点如下：

第一，股价上升至较高位置后，成交量呈现不规则放大态势，而股价却迟迟无法创出新高，则说明存在放量滞涨现象。

第二，股价连续上升一段时间后，出现高位滞涨现象时，投资者可采取分批减仓策略，即股价迟迟不能创新高时，执行一次减仓操作；当股价跌破重要支撑位时，执行第二次减仓操作。

第三，股价自高点向下回调，技术指标若发出卖出信号，则宜执行清仓操作。

下面是林海股份的日K线走势，如图4-1所示。

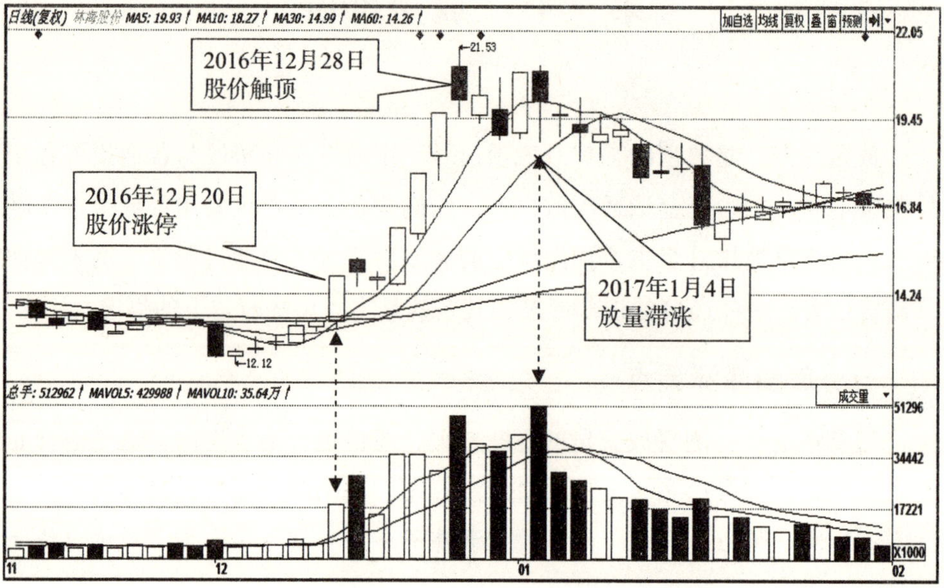

图4-1 林海股份（600099）日K线走势图

林海股份的日K线于2016年12月20日以放量涨停报收。随后，该股股价与成交量同步上行，形成了量价齐升态势。

2016年12月28日，该股股价在放量触及21.53元的位置后出现了回调走势。观察该股股价回调期间的成交量可知，随着股价震荡走低，成交量却始终保持在较高水平，特别是2017年1月4日，该股成交量创出同期的最高值，股价却没有再创新高，这说明主力有出货的可能，投资者宜立即执行减仓或清仓操作。

二、经典顶部形态

很多时候，股价在顶部区域震荡的过程中，还会形成某些特定的经典顶部形态。投资者需要清楚一点，所有的顶部形态都是主力刻意制造的一种假象。投资者若是拘泥于顶部形态是否完成而延迟出货，主力就获得了更多的出货空间。在顶部形态形成过程中，主力会制造若干次向上突破的假象，以诱使更多的场外投资者入场接盘。当主力出货完毕，股价就会跌破顶部形态的颈线位，从而给人一种股价即将破位下跌的预示。

这里以 M 顶为例进行讲解。

通常情况下，M 顶形成过程中，第一个高点出现后，会有一个回调走势，这个回调走势大多数人会认为是股价正常上攻过程的洗盘，所以很多投资者会坚定地持股，主力则会小规模地出货。

股价回调至某一支撑位后，主力暂时停止出货，反手向上拉升，不过这时候主力只会动用很少的资金拉升股价。很多散户会将此时的上涨看成是上车的良机。有时散户入场较多，主力还会择机少量出货。当股价来到前一高点附近时，很多散户更加确认股价将会重新上攻而入场，主力则加大出货力度。

当散户的接盘力度不足以接住主力的抛盘时，股价就会出现下跌走势。至此，主力出货基本完成。若主力手中还有大量筹码，就会再度上攻，形成三重顶或头肩顶形态，其原理也是一样的。总之，主力在顶部制造的一切图形，目的都是为了出货。

经典顶部（以 M 顶为例）形态的操作要点如下：

第一，股价创下高点回调时，若成交量居高不下，而股价又迟迟不能突破前期高点，则应执行减仓操作。

第二，股价在顶部区域震荡过程中，投资者若借助筹码分布图进行分析，能更清晰地判断出筹码分布形态的变化，即当股价震荡时，底部筹码峰会快速向顶部集中。反之，若股价回调时，底部筹码峰没有明显变化，则说明此次回调更可能是主力在洗盘。

第三，股价在顶部区域震荡过程中，若 KDJ 指标自超买区域拐头向下，或 MACD 指标出现高位死叉，则宜执行减仓或清仓操作。

下面是招商银行的日 K 线走势，如图 4-2 所示。

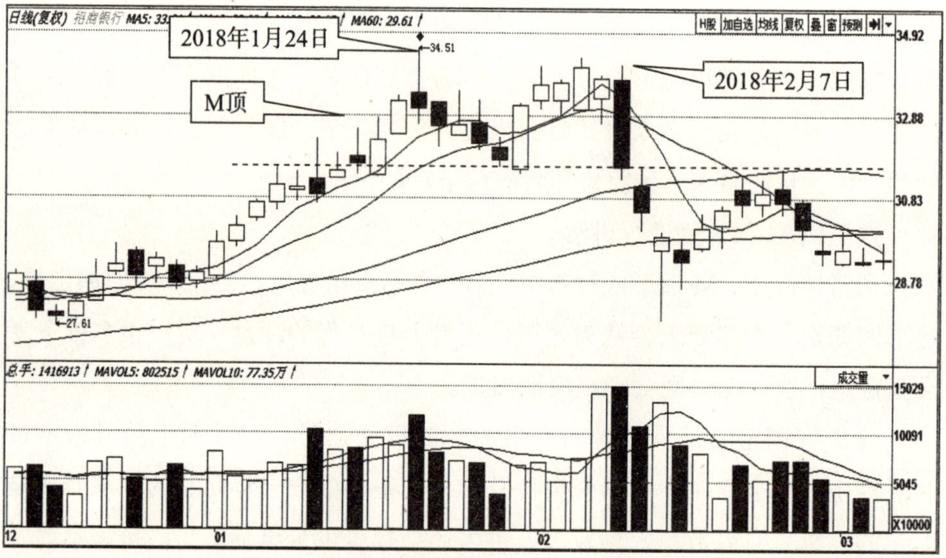

图 4-2　招商银行（600036）日 K 线走势图

招商银行的股价在 2017 年年底出现了一波快速上升走势。该股股价上涨过程中，成交量也同步出现了放大迹象。

2018 年 1 月 24 日，招商银行的股价触及短期高点后出现回调。随着股价的回调，成交量也同步萎缩，给人一种主力清洗浮筹的假象。其后该股股价重新上行，只上涨了很小的幅度，成交量却放大了很多，说明主力在借助股价的上升完成出货，投资者宜立即清仓或减仓。

2018 年 2 月 7 日，该股股价跌破了 M 顶的颈线位，这是投资者最后一次出货离场的机会，其后该股出现了一波下跌走势。

第二节 顶部量价异动

股价到达顶部区域后，成交量必然会随之放大。不过，若成交量出现异常放大迹象，投资者还是要特别警惕，因为这往往意味着股价阶段最高点到来，强势股强势上升行情即将终结。

一、天量见天价

股价在放出天量的同时，如果还创出了天价，那么很有可能是股票经过一段时间的上涨之后，庄家通过最后一冲完成最后的派发任务，接下来股价走低的可能性非常大。

“天量见天价”的操作要点如下：

第一，“天量见天价”是股票市场的一个普遍规律，但是判断“天量”非常困难，原因是成交量天量没有标准，当成交量创出新高时，可能后面还有更高的成交量出现。实战中，投资者需要综合考虑股价所处的位置进行判断，如果股价已经出现过较大的涨幅，一旦发现成交量不能再继续放大时，就要卖出股票了。

第二，“天量见天价”往往会形成一个阶段性顶部，这个顶部还会对后来的股价上涨造成一定的压力。当股价上涨到“天量见天价”的“天价”位置时，投资者都需要特别谨慎。

第三，当股价形成一个“天量见天价”的短期顶部之后，如果股价继续上涨，成交量超过原来的“天量”，则股价还会出现一波上涨行情。

下面是创业环保的日 K 线走势，如图 4-3 所示。

创业环保在经历了从 2015 年 2 月开始的一系列盘整之后，于 2015 年 3 月随大盘的上涨而出现了一波快速上攻行情。2015 年 6 月 12 日，股价创下了一段时间以来的最高点 19.32 元，与此同时，成交量也创出了天量，换手

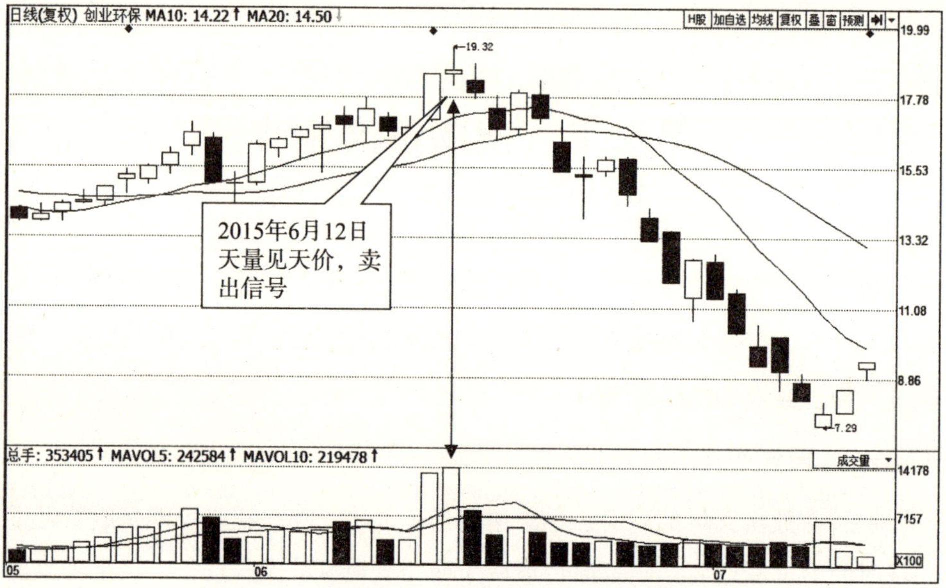

图 4-3 创业环保（600874）日 K 线走势图

率达到 13.04%。

出现“天量见天价”现象，预示股价后期将转入下跌走势，投资者此时需要迅速卖出股票。

投资者应该注意，天量见天价，并不是说天量与天价一定在同一天出现，天价也有可能在天量出现后的一个或两个交易日内出现，其效果并不受影响。

二、巨量打开涨停板

通常情况下，股价若能直接以涨停价开盘，说明多方占据绝对优势，且主力对股价上升充满信心，投资者只需继续持股即可。股价开盘后，若涨停板被打开，且成交量是一段时间以来的最大值，则说明强势股的上攻之路将要终结。

巨量打开涨停板的操作要点如下：

第一，顶部巨量大阴线一般出现在股价经过大幅上涨后的高价位区域。在形成大阴线之前，如果股价上涨幅度有限，那么就不能将其视为顶部大阴线，其看跌信号也会相应减弱。

第二，巨量大阴线有可能是庄家出货导致的，也有可能是庄家洗盘造成的。但是当其出现在高位时，通常表示庄家正在出货，投资者应以看空为主。

第三，在顶部出现大阴线时，一般会放出巨量。这一成交量越大，后市下跌的可能性越大。

第四，在判断大阴线是否是顶部大阴线时，应该结合股价的历史走势和目前的大盘情况综合分析。

第五，大阴线实体越长，收盘价位置越低，看跌信号的可靠性越高。如果大阴线吞没了之前好几天的涨幅，那么后市将可能出现一波大跌行情。

下面是海伦哲的日 K 线走势，如图 4-4 所示。

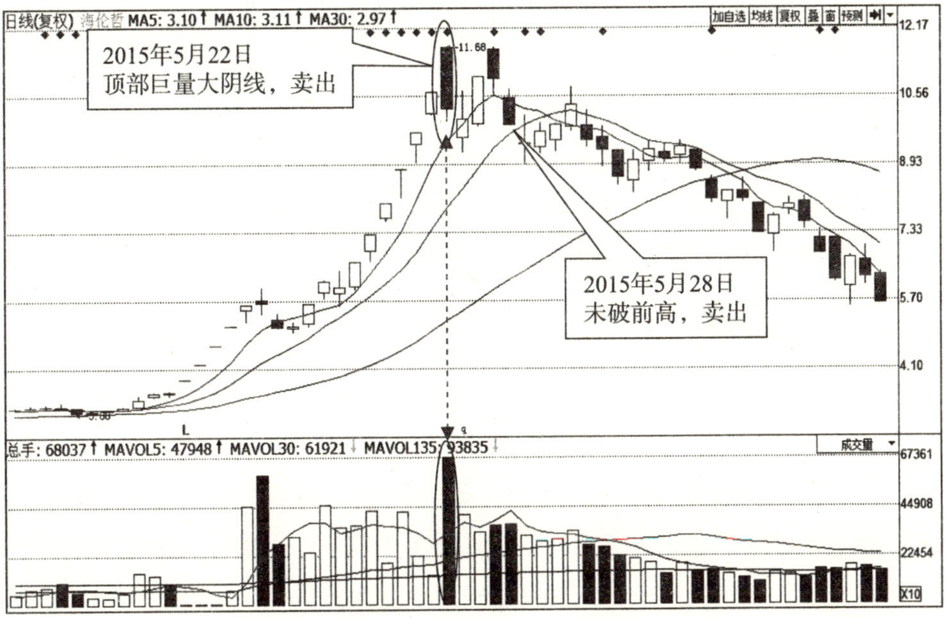

图 4-4 海伦哲（300201）日 K 线走势图

2015 年 5 月 22 日，海伦哲的日 K 线图上出现了顶部巨量大阴线走势。

2015 年上半年，海伦哲的股价随着大盘的暴涨快速上攻，并在 2015 年 5 月中旬连续拉出涨停板，可见该股走势极强。

2015 年 5 月 22 日，该股涨停价开盘后一路走低，最终收出一根跌幅近 4% 的大阴线。看到这种情形，持股者应该在盘中果断减仓或平仓。

2015年5月28日，该股在前一交易日冲高回落的基础上再度低开低走，说明该股上涨行情可能已经结束，投资者最好执行清仓操作。

第三节 背离

背离，本质上就是一种不协调的关系，表现在股价走势方面，更多的是股价与成交量或其他技术指标的不协调。本节重点介绍股价与成交量、技术指标的顶背离。

正常情况下，股价上涨时，成交量与技术指标都会相应地走高。当股价走高时，成交量或技术指标并未走高，则意味着股价与成交量、技术指标存在某种背离关系。当股价运行至顶部区域时，股价与成交量、技术指标出现背离，则意味着强势股的上涨周期即将终结。

一、量价背离

量价背离是所有背离形态中最基础，也是最重要的一种背离形态。量价背离是指当股价创出一个比一个高的高点时，成交量却并未创出新高，这说明量价关系出现了顶背离状态。出现这种状态，说明股价上涨行情有可能结束。

前面已经讲过，主力持有的筹码远远多于散户，因此他们出货也比散户困难得多。当股价触顶之后，主力手中若还有大量筹码，他们必然会给散户营造一种继续上攻的假象，然后借机出货。这种情况表现在量价关系上，就会出现这种情形：股价在顶部区域震荡，成交量持续走高；股价创出新的高点时，成交量却并未出现新的高点。至此，股价与成交量的背离形态正式形成。

量价顶背离的操作要点如下：

第一，股价与成交量形成顶背离后，股价并不一定会立即下跌，有时可能出现多次顶背离才会下跌。

第二，股价与成交量出现顶背离时，即股价创出新高后回调，而成交量却未见放大，投资者可考虑分批次卖出股票。

第三，当股价跌破某一重要支撑位或技术指标发出卖出信号时，投资者可考虑清仓或减仓操作。

下面是厦门信达的日 K 线走势，如图 4-5 所示。

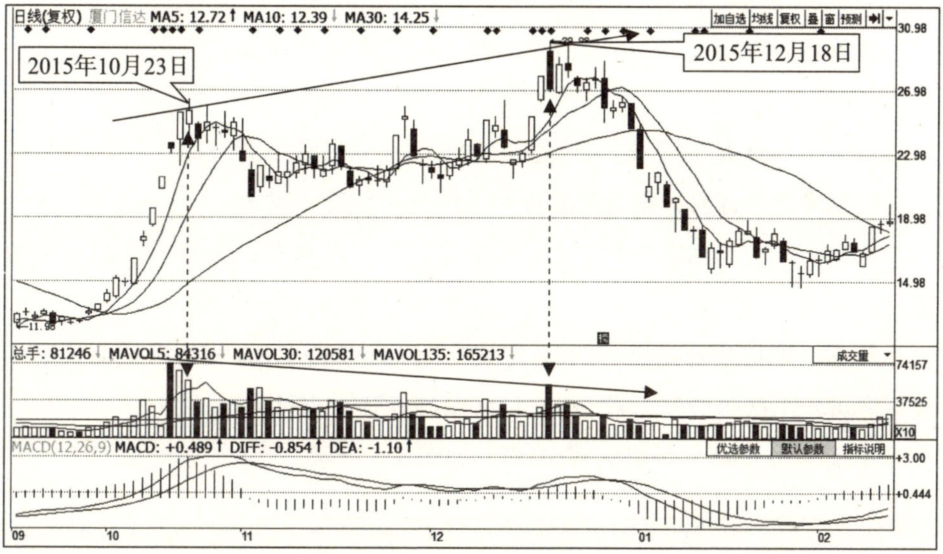

图 4-5 厦门信达（000701）日 K 线走势图

厦门信达的股价在 2015 年下半年启动了一波快速上攻走势。10 月 23 日，该股股价在创下短期高点后出现回落，与此同时，成交量也开始萎缩。

此后，该股经过一段时间的调整重新上攻，并在 12 月 18 日创下一个新的高点。成交量尽管也同步出现放大迹象，但并未超过前期高点。至此，成交量与股价顶背离形态正式成立，说明该股波段顶部来临。

二、技术指标背离

技术指标背离，是指当股价创出一个比一个高的高点时，技术指标线却并未创出新的高点，这说明股价与技术指标出现了顶背离。出现这种情况，说明股价上涨行情有可能结束。

这里以 MACD 指标为例进行讲解。

随着股价的上涨，MACD 指标必然也会上升。当一个价格高点出现后，MACD 指标必然会随股价的调整而回落。其后主力刻意制造上攻假象，并创下价格新高时，由于其并未投入足够的资金，市场上的做多力量偏弱，虽然 MACD 指标也会走高，但是无法超越前期高点，这样就会形成股价与 MACD 指标走势的背离。

股价与 MACD 指标出现顶背离时，投资者在具体操作方面需要注意以下几点：

第一，成交量的变化。股价与 MACD 指标出现顶背离时，又同步与成交量指标出现顶背离，则意味着股价下跌的可能性非常大。

第二，股价与 MACD 指标出现顶背离的次数越多，股价下跌的可能性越大。

第三，形成顶背离后，DIFF 快线自上而下穿越 DEA 慢线形成交叉时，投资者可卖出部分股票。若 DIFF 快线跌破 0 轴，则可清仓。

下面是小天鹅 A 的日 K 线走势，如图 4-6 所示。

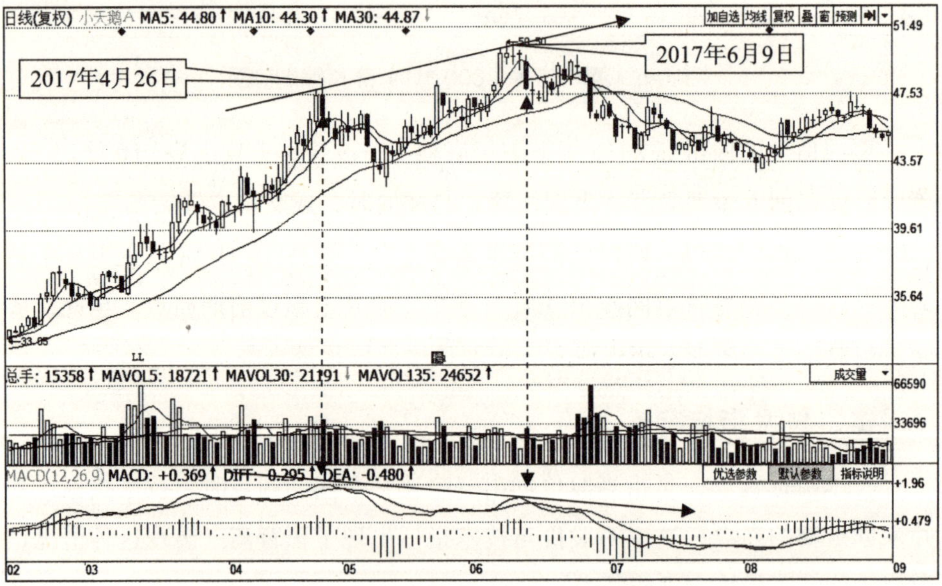

图 4-6　小天鹅 A（000418）日 K 线走势图

小天鹅 A 的股价在 2017 年年初启动了一波快速上攻走势。进入 4 月下旬，该股攻势有减弱迹象。4 月 26 日，该股股价在创下短期高点后出现回落，MACD 指标同步拐头向下。

该股经过几个交易日的调整之后重新上攻，并在 6 月 9 日创下一个新的高点。MACD 指标尽管也同步向上移动，但并未超过前期高点。至此，MACD 指标与股价顶背离形态正式成立，说明该股波段顶部来临。

第五章

短线强势股操盘技法

短线强势股是指那些在几个交易日内出现较大涨幅的股票，涨势猛、上涨周期短是这类股票的典型特点。通常情况下，短线强势股多由游资推动，当资金炒作完成后，股价就会大幅下跌。也正因如此，投资者交易短线强势股，可能在短期内获得较高的收益，也可能面临较大的亏损。

第一节 分时走势异动猎杀强势股

超短线交易者常常喜欢借助分时走势猎杀强势股。相对于日线来说，分时走势尽管能够及时反映股价波动，但也最容易被主力做手脚。

一、分时线上攻与成交量

在分时走势图中，分时线反映了当天股价的实时走势情况，均价线体现的是从开盘到当时的平均交易成本。

当分时线运行于均价线下方时，说明该股走势较弱，也预示该股股价在短期内继续走低的概率很大。不过，若某一时刻股价自下而上放量突破均价线，则说明股价在短期内有走强的可能，很多超短线强势股都有此过程。

利用分时线向上突破均价线判断强势股时，应注意以下几点：

第一，均价线应处于水平或向右上方倾斜态势，这说明股价整体走势并不太差。

第二，分时线向上突破均价线时，若成交量同步放大，则说明成交量与股价配合良好，股价继续上攻的可能性较大。

第三，若个股前期涨幅较大，还要注意防范主力诱多的可能。

下面是博威合金的分时走势，如图 5-1 所示。

博威合金的股价在 2016 年 3 月 4 日低开平走，整个上午几乎都与均价线纠缠在一起。临近中午时段，股价大幅下挫，给人一种股价即将跳水的感觉。不过，均价线并未出现明显的下跌迹象。

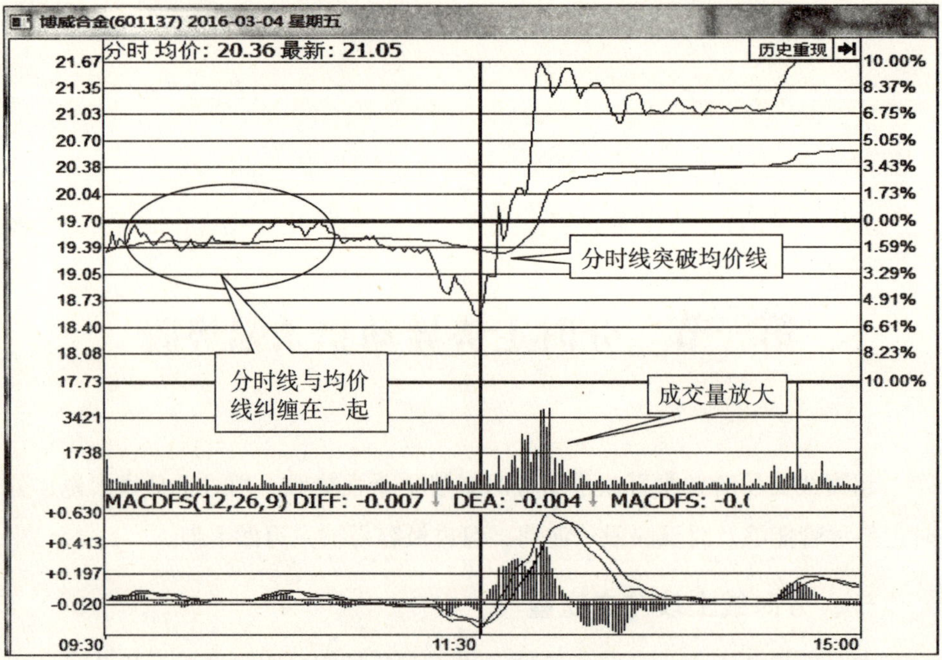

图 5-1　博威合金（601137）分时走势图

下午开盘后股价快速上攻，一举突破均价线，成交量同时放大，均价线同步拐头向上，这说明该股股价有企稳的迹象。

下面是博威合金的日 K 线走势，如图 5-2 所示。

观察该股日 K 线走势图可知，博威合金 2016 年 2 月底复牌后，股价连续出现跌停走势，与均线的距离越拉越大，这说明股价短期有反弹的可能。3 月 2 日，博威合金的股价正式启动反弹；3 月 3 日，该股股价出现了调整走势；3 月 4 日开盘后，该股继续向下调整。

由于此时股价距离均线较远，存在一定的反弹需求，投资者可在 3 月 4 日分时线向上突破均价线时短线买入。不过投资者应控制仓位，注意防范风险，一旦股价反弹至均线位置遇阻，就应考虑减仓或清仓。

二、分时线强度：角度、速度与幅度

通常情况下，只有超短线交易者才会依据分时线来选择强势股。

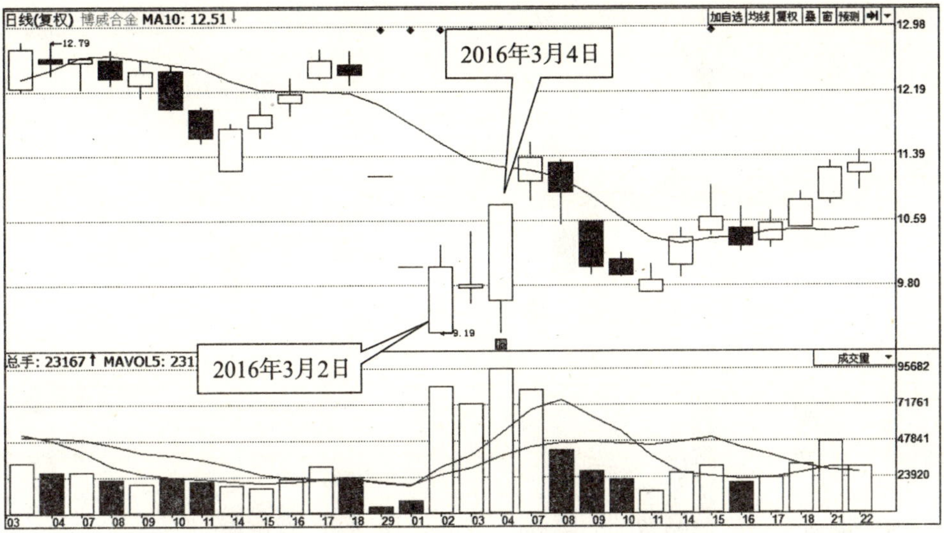

图 5-2　博威合金（601137）日 K 线走势图

交易这类强势股具有如下几个特点：

第一，周期很短，少则一个交易日，多则三到五个交易日。

第二，只选波动剧烈的股票，有波动空间才有操作空间。

第三，短线有巨大上升空间。换句话说，投资者在选择这类股票之前，这类股票必须已经显露出一定的上攻迹象，且有了较大的波动幅度，如图 5-3 所示。

星云股份的股价在 2018 年年中出现了一波剧烈震荡整理走势。在股价震荡过程中，多次拉出涨停板和跌停板，说明这类股票具有较强的涨停基因。喜欢进行涨停板交易的投资者可以优先考虑这类股票。进行超短线强势股交易，也应优先选择这类股票。

从图 5-3 可以看出，星云股份在 2018 年 7 月 12 日已经成功突破多条均线，未来股价继续走高的概率很大，投资者可密切关注 7 月 13 日的分时走势，如图 5-4 所示。

2018 年 7 月 13 日早盘开盘后，星云股份的股价在一波上攻之后跌破了均价线，其后分时线一直在均价线下方运行，说明股价走势较弱，投资者不

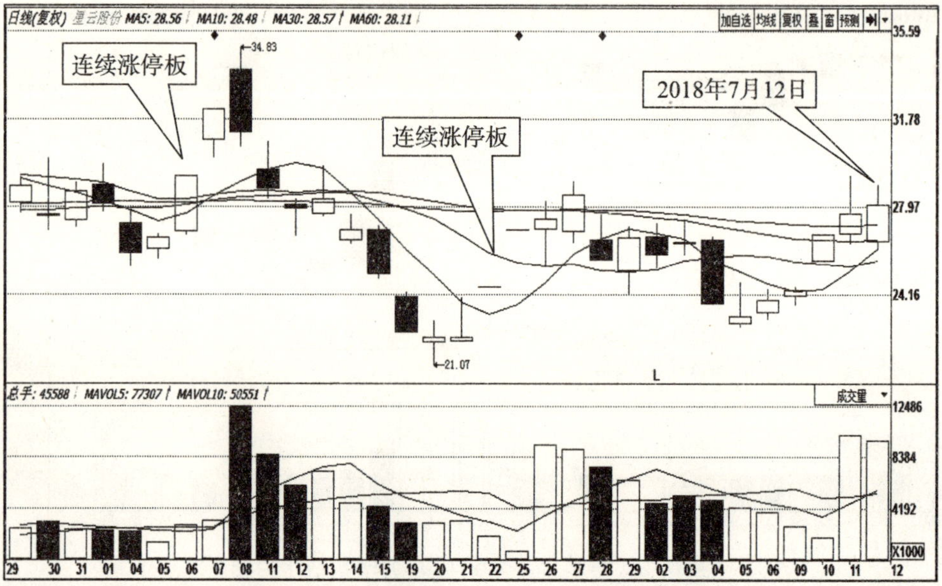

图 5-3　星云股份（300648）日 K 线走势图

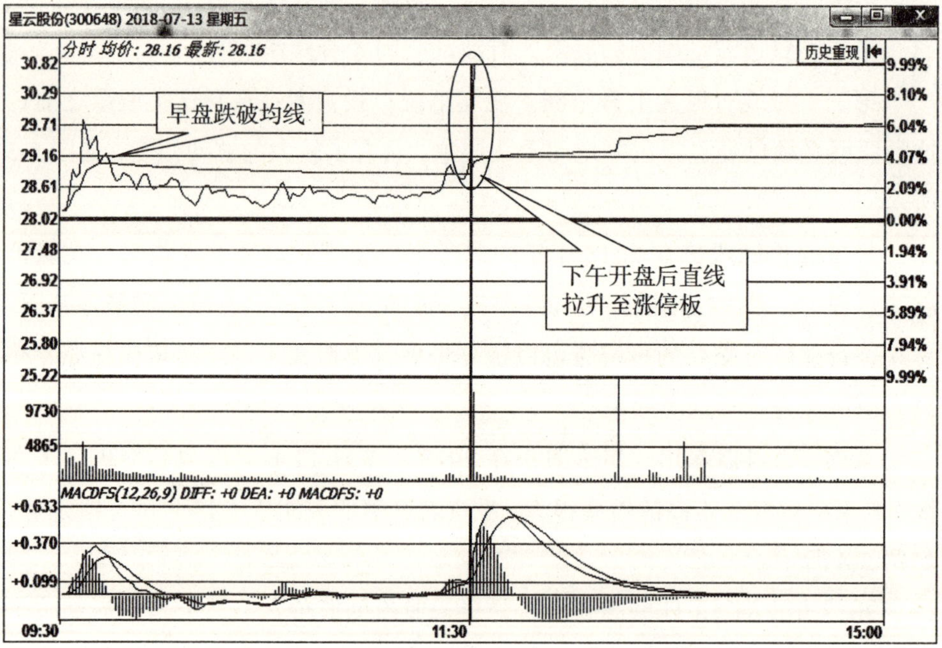

图 5-4　星云股份（300648）分时走势图

宜入场。临近中午收盘，分时线突然向上突破，成交量开始放大，说明股价有启动迹象，投资者宜考虑追涨买入该股。

下午开盘后，分时线直线上升并在几分钟内涨停，这更说明股价走势较强。这只股票的分时走势，也直接反映了强势股上升过程中的三个典型特征：

第一，分时线上攻的角度。分时线的角度往往反映了主力拉升的手法和态度。分时线拉升时角度越陡峭，则股价继续上攻的概率越大。像图 5-4 中，分时线拐头向上直线拉升，说明主力已经下定决心要将股价拉升至涨停板，投资者只需跟随或持股待涨即可。当然，主力选用此种手法，也说明其掌握了大量筹码。

第二，分时线上攻的速度。上攻速度越快，股价上攻至涨停板的时间越短，说明主力越不希望其他投资者或机构抢夺筹码，其做多态度也越坚决。反之，股价拉升过程中不断出现回调，则应关注股价所处的阶段，若股价处于低位，则说明主力有意吸收更多的外流筹码，未来股价继续大幅走高的概率很大；若股价处于高位，则说明主力想利用股价回调抛出部分筹码，即拉升与出货相结合，投资者少参与为宜。

第三，分时线上升的幅度。很多时候股价上攻并不是一波完成的，而是需要多波段拉升，因此股价启动的第一波非常重要。第一波上攻幅度较大，才能为后面的回调和继续拉升提供支撑和保障。

下面是出版传媒的分时走势，如图 5-5 所示。

2016 年 11 月 3 日开盘后，出版传媒的股价一直徘徊在均价线附近，说明主力在等待最佳的启动时机。启动并不一定就是向上拉升，也有可能向下打压。其后，分时线运行于均价线上方。13:32 主力直线向上拉升，并且拉升幅度超过 6 个百分点，说明主力做多意愿非常强烈，投资者可在股价回调后重新上攻时追涨买入。

需要注意，交易这类强势上攻的股票，往往都是风险与收益并存的。股价在短期内可能会大幅上涨，也可能会大幅下跌，因此，控制好仓位，随时关注盘面变化，是投资者必须做的。

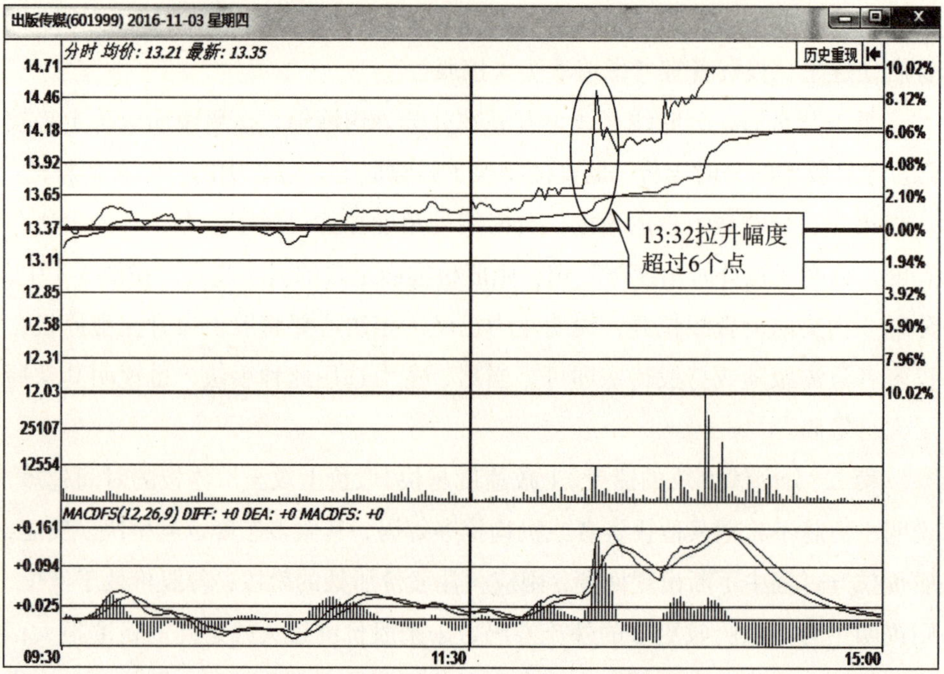

图 5-5　出版传媒（601999）分时走势图

三、谨防“钓鱼线”

主力通过对敲快速拉升股价，鼓励散户入场买入，当股价拉升到较高位置后，主力再向下打压完成出货，这个过程形成的形态叫作“钓鱼线”形态。通常情况下，“钓鱼线”形态出现的次日，股价往往会低开低走，使当日追高买入的投资者被套其中。

A股执行的是“T+1”交易规则，即当日买入的股票下一交易日才能卖出。投资者发现买入后深陷其中，也无法在当日卖出股票，因此，“钓鱼线”形态对投资者的杀伤力很大。

“钓鱼线”形态有时和强势股启动的分时线形态非常相似，都是分时线在很短的时间内拐头向上大幅拉升。

下面是天鹅股份的分时走势，如图 5-6 所示。

天鹅股份的股价在 2018 年 4 月 3 日低开后出现了一波拉升走势，其后，股价一直在均价线上方运行，并基本保持在前一交易日的收盘价附近，给人一种主力在选择突破方向的感觉。临近收盘时段，主力突然大幅向上拉升股价，给人一种股价即将快速拉升的感觉，随后，股价被拉升至高位后迅速遭到打压，并以低于前日收盘价的价格收盘。这只股票的分时线形态就是典型的“钓鱼线”形态。

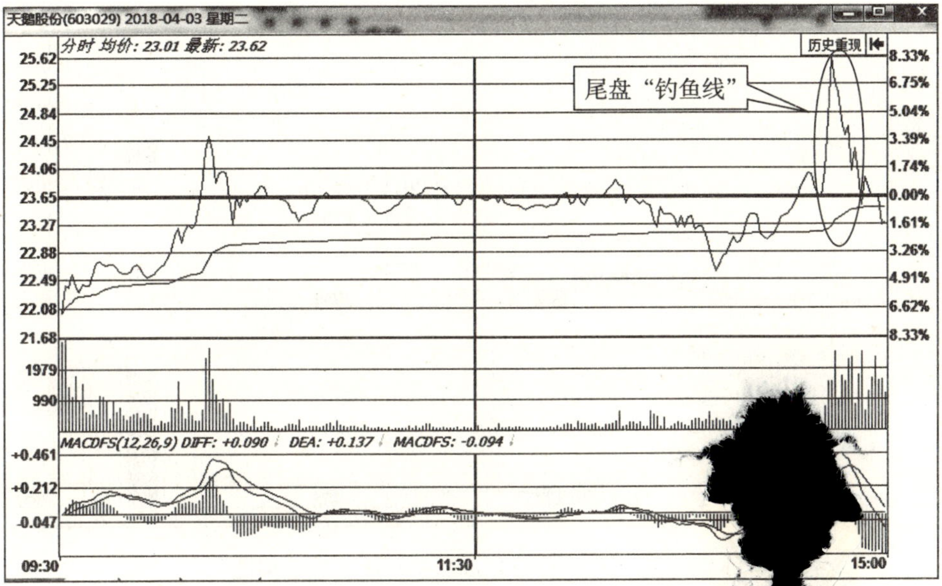

图 5-6　天鹅股份（603029）分时走势图

对于普通投资者来说，将“钓鱼线”形态与强势股的分时线上攻形态区分开并不是一件容易的事。投资者需要重点关注以下几个方面的信号。

第一，股价所处的位置。若股价经过一波快速拉升来到较高的位置，主力存在出货需求时，此时股价分时线突然出现上攻迹象，投资者必须警惕“钓鱼线”形态，以免追高被套。

下面是天鹅股份的日 K 线走势，如图 5-7 所示。

从图 5-7 中可以看出，天鹅股份的股价自 2018 年 3 月 28 日开始启动，短期内拉升幅度较大。2018 年 4 月 2 日，该股更是以涨停报收。不过，由于短期内涨幅过大，主力存在出货的需求，投资者需要密切关注盘面变化，并择机出逃。

2018 年 4 月 3 日，该股股价直接低开，然后震荡走高，其实这就是给投资者一种希望：股价低开也会出现高收，只要耐心持股即可。不过，出现“钓鱼线”形态后，标志着主力已经开始肆无忌惮地出货，投资者宜迅速清仓为宜。

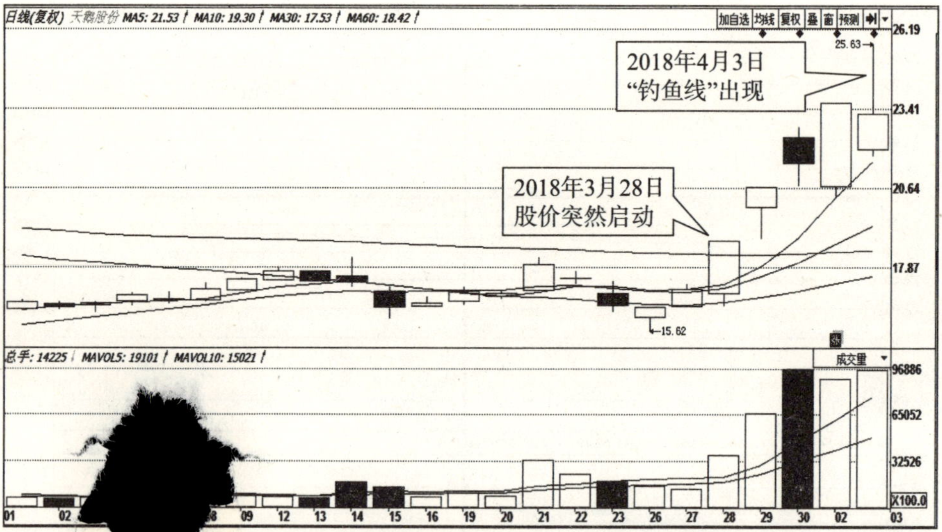

图 5-7 天鹅股份（603029）日 K 线走势图

其后，该股股价出现了一波下跌走势。

第二，成交量的变化。通常情况下，主力向上拉升股价时，必然会引发大量抛盘涌出，主力则会不停地吃掉这些抛盘，这是典型的股价上攻时出现的量价状态。投资者从盘口交易数据中也能看出成交量的变化，即股价越往上，成交越活跃，抛盘越多（股价越升，抛盘越大）。不过，若主力只是想引诱散户入场接盘的话，成交量尽管也会放大，但不会显得特别活跃，毕竟筹码都掌握在主力手中，此时的成交数据都是主力通过对敲完成的。当股价被拉升至高位，吸引很多散户入场后（成交开始活跃，但单子偏小），股价就会出现断崖式下跌。

对于普通投资者来说，在分时线快速上攻时，判断主力有无“钓鱼”的嫌疑是非常困难的。也正因如此，很多喜欢抢涨停板的投资者总是在股价来到涨停板位置时再追涨买入。毕竟没有几个主力肯将股价拉升至涨停位来“钓鱼”，因为那需要的资金太多了。

第二节 K线异动猎杀强势股

K线以其展示的开盘价、收盘价、最高价和最低价反映了当天股价走势的情况。当一些经典K线形态出现后，往往意味着股价可能会有一波快速上涨行情。

一、强势股的典型K线形态

强势股的典型K线形态主要包括两类：向上跳空缺口；光头阳线。

1. 向上跳空缺口

缺口，意味着股票在交易过程中存在价格空白地带。也就是说，缺口是因为这个价格区域没有产生过交易，股价直接“跳”过了该区域。

缺口主要包括向上跳空缺口和向下跳空缺口两类，这里主要研究向上跳空缺口，如图5-8所示。

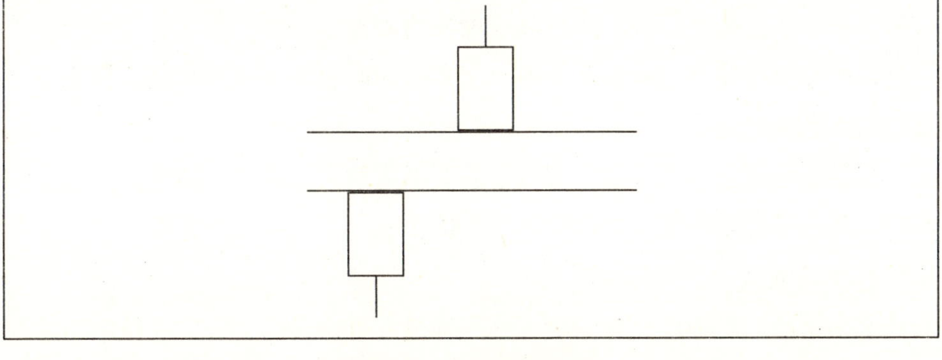

图5-8 向上跳空缺口

向上跳空缺口是一种做多动能的释放。其形成原因有两个：

第一，A 股涨停板规定，前一交易日股价上升的最大限额为 10%。市场对有些股票价格上涨的预期要远远超过 10%，于是在前一交易日涨停的基础上，次日必然会以向上跳空的价格开盘。

第二，某只股票在当日开盘前突发重大利好，持币者为了能够在开盘时段成功买入股票，就会提高其竞价时段的报价，最终促使当日股价与前日股价形成向上跳空缺口。

出现向上跳空缺口后，股价经常会再次回落到缺口位置附近，此时有两种可能的走势：

第一，缺口不回补，或者不完全回补。此时缺口对股价产生支撑作用，之后股价会继续原来的上涨行情。

第二，缺口被完全回补。此时若抛盘消失，那么股价会重新开始上涨之路。若抛盘仍大量涌出，则股价会有下跌的可能。也就是说，向上跳空的缺口位置，本质上是强势股启动的一个基地。股价上升过程中若出现回调走势，只要没有将缺口完全回补，投资者就可以继续持股。

下面是蒙草生态的日 K 线走势，如图 5-9 所示。

蒙草生态的股价从 2017 年年初启动了一波上升行情。2017 年 2 月 6 日，该股拉出了一根大阳线，并封上了涨停板，预示股价还将继续上涨。2 月 7 日，该股跳空高开，并继续上攻，在 K 线图上留下了一个向上跳空的缺口，之后继续上涨。

随后股价经历了一系列的横向震荡调整，之后出现回调走势。2 月 24 日，该股下跌到缺口位置，由于缺口的支撑作用而重新上涨。投资者应该注意，一旦该股股价受缺口支撑重新上涨，就是强势股启动上涨的时刻，也是买入该股的时机。

投资者还需要注意一点，若股价高开形成较大的缺口，则当日有涨停的可能，喜欢追击涨停板的投资者要把握好机会。

2. 光头阳线

光头阳线，又称收盘秃阳线，是一种没有上影线的阳线。这种阳线通常以最高价收盘，如图 5-10 所示。

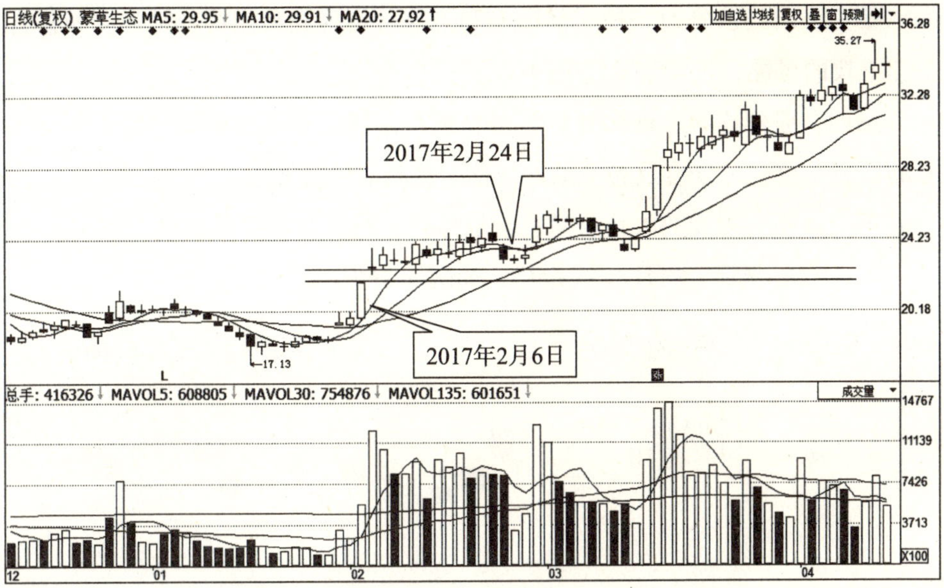

图 5-9　蒙草生态（300355）日 K 线走势图

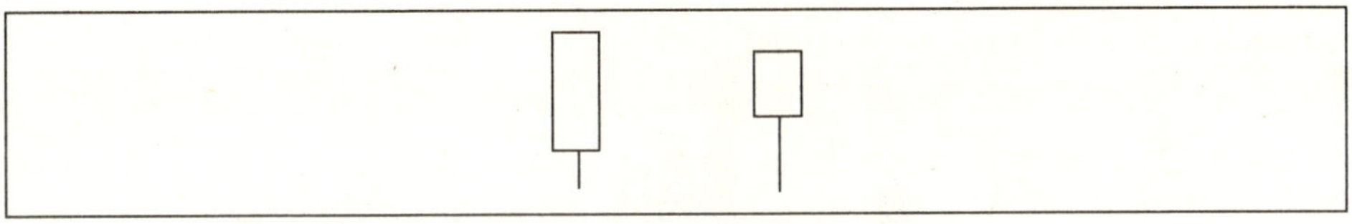

图 5-10　光头阳线

光头阳线是一种在强势上升趋势中容易出现的经典 K 线，它的出现是多方强势逼空的结果，也是股价走势较强的一个明显体现。开盘后，尽管空方曾经试图将股价打压至较低水平，但多方很快收复失地，并迅速取得绝对优势，空方失去还手之力。该类 K 线形态属于典型的看涨形态。

光头阳线的交易含义包括如下几点：

第一，出现光头阳线，说明多方在与空方的较量中已经取得了绝对优势，股价未来继续走高的概率很大。

第二，低价区域或股价长时间下跌后出现光头阳线，属于多方突然发力，股价迎来拐点的概率很高。

第三，若股价经过一段时间的温和上攻后出现光头阳线，则说明股价有加速上攻的可能，投资者宜追涨买入。

第四，股价连续上涨多日后，若在顶部区域出现光头阳线，则可能是多方的最后一攻，未来有反转下跌的可能，投资者宜谨慎。

第五，光头阳线的收盘价越接近涨停位，股价次日高开的概率越大。

下面是东方航空的日K线走势，如图5-11所示。

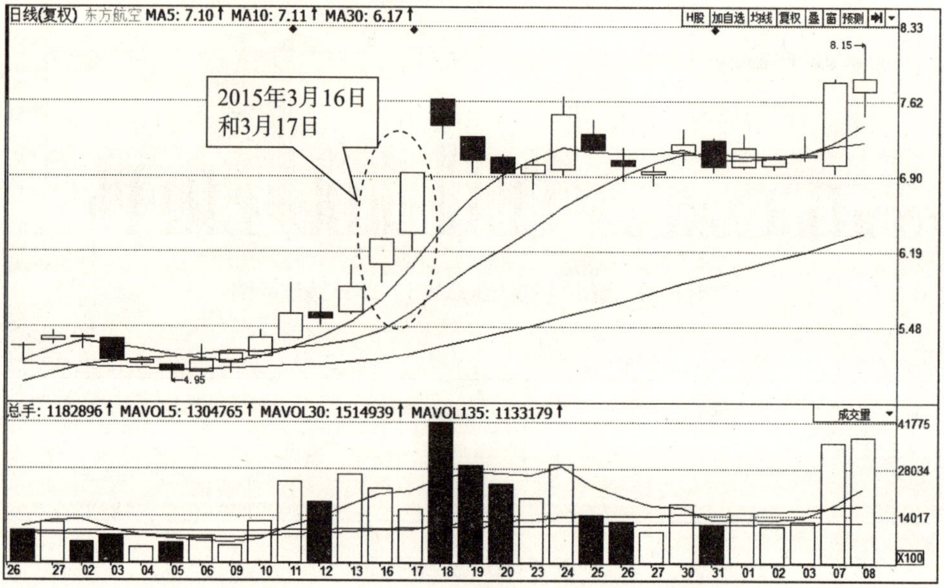

图5-11　东方航空（600115）日K线走势图

东方航空在2015年2月初进入了盘整期。2015年3月中旬，该股重新开始上攻走势。3月16日和3月17日，该股连续拉出两根以涨停价报收的光头阳线，可见该股走势之强。

投资者宜于第一根光头阳线出现前入场建仓。其后该股盘整了几个交易日，便再度启动了一波上升走势。

二、K线异动与成交量、均线和其他K线的配合

K线形态出现异动时，往往还需要通过其他技术指标进行验证。

1. K 线异动与成交量的配合

成交量是辅助确认股价启动的一个核心指标。股价启动，主要源于市场上愿意买入股票的投资者增多。随着买盘的涌入和股价的走高，成交量也会随之放大。价涨量增，是一种良性的量价配合方式。反之，若股价上升，成交量却并未放大，投资者要考虑股价上攻的可持续性，以及此次股价上升是否为主力的诱多陷阱。

下面是中广天择的日 K 线走势，如图 5-12 所示。

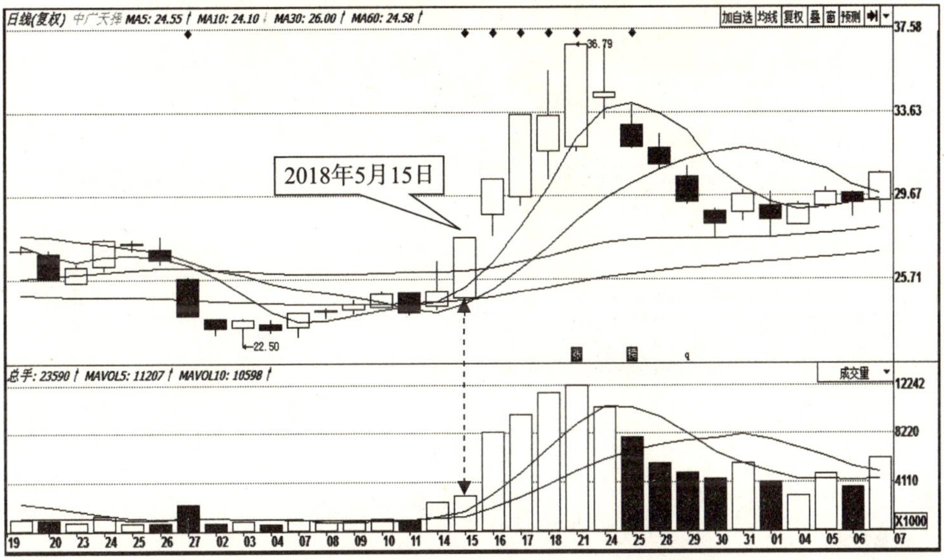

图 5-12　中广天择（603721）日 K 线走势图

中广天择在 2018 年 5 月初进入了底部盘整期。2018 年 5 月 15 日，该股突然大幅上攻，成交量相比前一交易日放大了很多，行情走势表现出量价齐升形态。鉴于行情出现强势上攻态势，可以预见未来股价上涨的概率很大。

投资者宜于出现第一根光头阳线时入场建仓。此后，该股出现了一波规模较大的上升走势。

这里要注意一点：股价上攻时，需要成交量的放大相配合。也就是说，量价齐升是一种良性的上升形态。若成交量出现异常放大，甚至放出天量，则说明主力有出逃的可能，投资者不宜再度介入。

2. K 线异动与均线的配合

均线，反映了一段时期内投资者的平均持仓成本。K 线与均线的关系，也能反映出股价走势的强弱。通常情况下，股价位于均线下方，且均线向右下方倾斜，说明股价走势较弱，未来继续走低的概率很大。股价位于均线上方，且均线向右上方倾斜，说明股价走势较强。

当 K 线自下而上突破均线，特别是一些中长期均线时，往往意味着股价将会走出强势上升行情。当然，K 线向上突破均线时，还需要成交量放大相配合。

下面是三房巷的日 K 线走势，如图 5-13 所示。

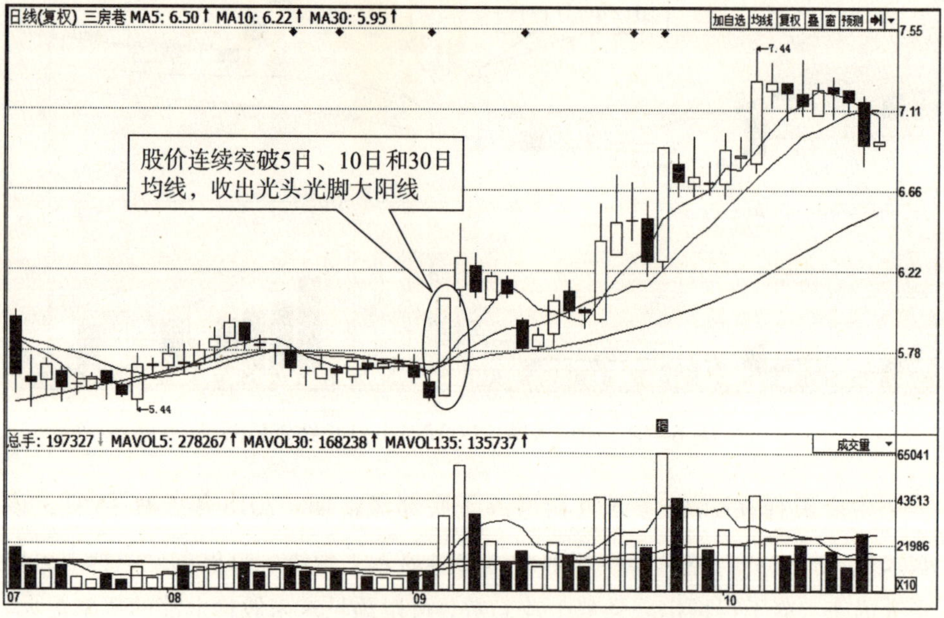

图 5-13　三房巷（600370）日 K 线走势图

2016 年 8 月，三房巷在阶段性底部盘整。2016 年 9 月 5 日，该股放量上涨，股价连续突破 5 日、10 日和 30 日均线，收出一根光头光脚大阳线，成交量同步出现放大态势。看到这种情况，激进的投资者可以适量买入，稳健的投资者可以再观察几日，等股价站稳均线后再介入。

3. K 线异动与其他 K 线的配合

当某根 K 线与其他 K 线组成一些特定的攻击组合时，往往意味着股价将会发动一波快速上升行情。在各种能够预示股价上升的组合形态中，“多方炮”是比较有代表性的一类。

“多方炮”又称“两阳夹一阴”“两红夹一黑”，由两根中阳线或大阳线和一根被夹在两根阳线之间的阴线组成，阴线的实体部分被两根阳线实体部分完全覆盖，如图 5-14 所示。

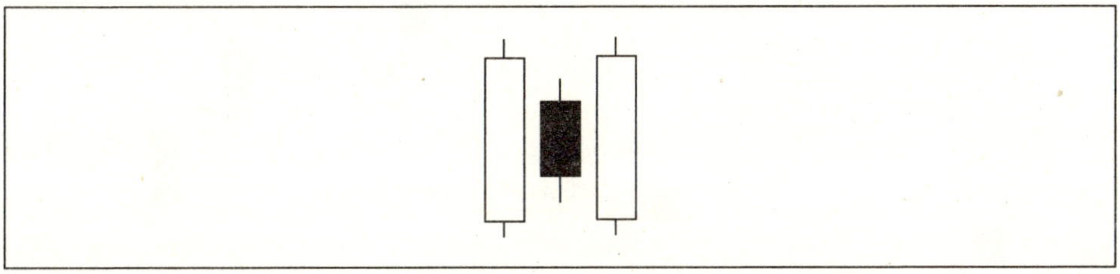

图 5-14 多方炮

“多方炮”形态中，出现第一根大阳线或中阳线，说明多方占据了较大优势。其后出现低开阴线，表明空方有意向下打压股价，并且与前一根阳线形成了“阳孕阴”形态，股价未来走势充满了变数。最后一根低开高走的大阳线，又与前一根阴线形成了“阳包阴”形态，说明多方重新占据了优势，未来股价继续走高的概率很大。

“多方炮”形态的具体交易含义如下：

第一，“多方炮”形态中，出现阳线的同时，若成交量同步放大，出现阴线时成交量同步萎缩，将增加股价上行的概率。

第二，股价经过一段时间的盘整后出现“多方炮”形态，表明股价经过休息调整后，多方将向空方“发炮”，未来股价将继续上升。

第三，股价经过一段时间的下跌后出现“多方炮”形态，说明空方力量不济，多方开始向空方“开炮”，股价迎来反弹的概率很大。

第四，股价经过一段时间的上涨，涨至顶部区域后出现“多方炮”形态，存在主力故意“诱多”的嫌疑，投资者宜避免入场交易。

第五，按照“多方炮”形态买入股票，可将“多方炮”形态的最低价设置为止损位。一旦股价跌破此位置，说明“多方炮”形态失败，宜止损卖出股票。

下面是英洛华的日K线走势，如图5-15所示。

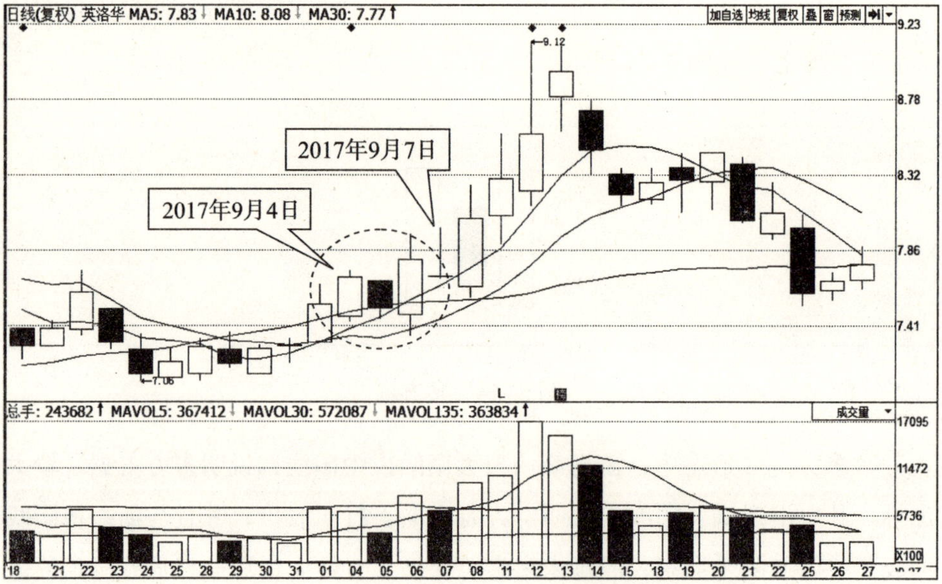

图5-15　英洛华（000795）日K线走势图

2017年9月4日到9月6日，英洛华经历了一段盘整行情后，走出了“多方炮”形态，预示股价未来将有一波上涨行情。

庄家在这一区域设计的该形态可谓寓意明显，就是为了洗盘，然后拉升。持股的投资者只要提高警惕，就能避免落入庄家的圈套。此外，激进的投资者还可以选择次日买入股票做多。

当然，投资者也可以根据自己的偏好选择一些技术指标作为分析和参考的依据，例如MACD指标、KDJ指标、筹码分布技术。

三、强势股追涨基本操作技法

通常情况下，追击强势股的操作多属于短线或超短线操作，以3到5日为宜。追击强势股的操盘要点如下：

第一，大盘处于上涨或反弹行情中。

第二，个股前一交易日出现了放量上涨行情。

第三，KDJ指标金叉后进入超买区间。

第四，执行买入操作前，股价应位于主筹码峰的上沿，上方绝对不可以有较大的筹码峰。若上方没有任何筹码，是最好的一种情况。

第五，目标股的当日股价强势上涨，且突破了均价线与前一日收盘价。与此同时，15分钟K线位于MA5以上。此时，投资者可以考虑买进该股。有三个买入时机：一是股价冲高回调之后，再次突破均价线或受均价线支撑重新上涨之时；二是股价冲高到达涨停板价位时，可以考虑追高买入；三是如果股价开盘下跌，则要等到股价重拾升势，且股价线突破均价线之后再买入。

第六，止盈设置。可以设定向上5%为止盈位。

第七，止损设置。可以设定向下3%为止损位。

下面以国瓷材料为例进行介绍。

若将国瓷材料列为操作标的，首先要对大盘走势进行预判。2017年5月到9月，大盘走势如图5-16所示。

从2017年5月24日开始，上证指数走势趋于强势，并沿30日均线上行。期间指数出现了一波回调，在跌破30日均线后，很快又重回上升通道。从8月25日开始，上证指数K线一直位于5日均线之上，说明大盘已经启动了快速上升行情，此时非常适宜进行短线追涨操作。

2017年9月1日，国瓷材料出现了低开高走行情。至下午时段，该股股价直接大幅拉升，说明国瓷材料短期走势趋于强势，如图5-17所示。

国瓷材料的股价自2017年7月19日开始了一波震荡上涨走势。9月1日，该股上涨势头明显加速，且突破了前期高点。此时KDJ指标进入超买区域，

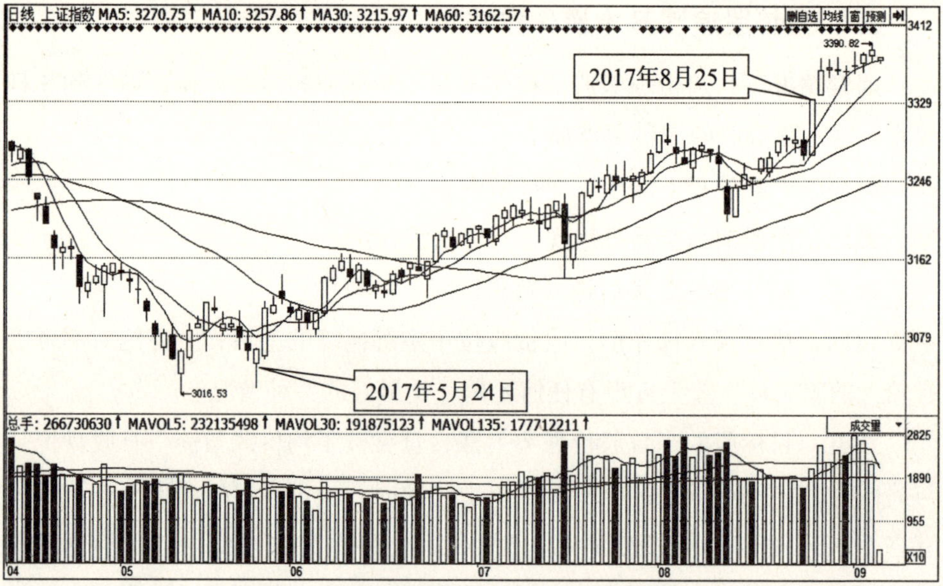

图 5–16 上证指数（000001）日 K 线走势图

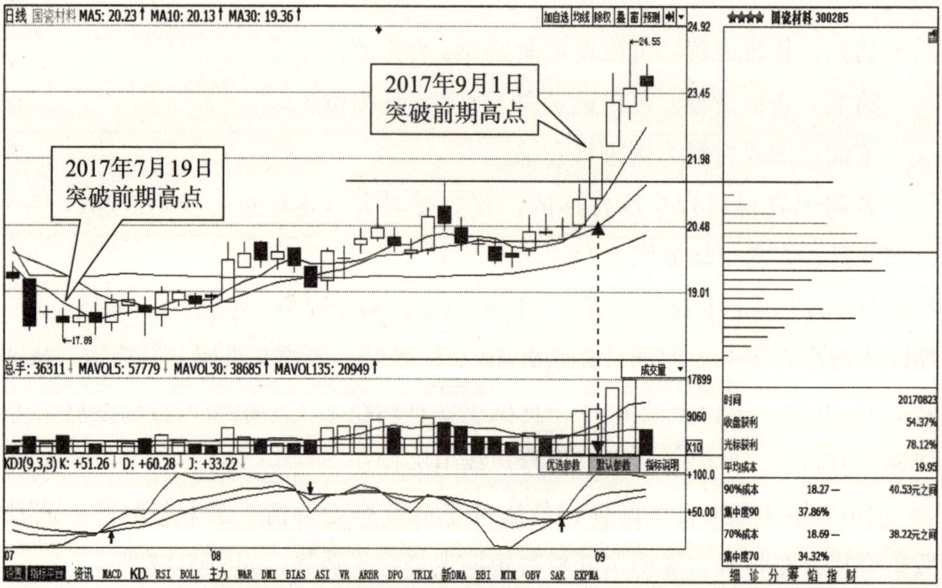

图 5–17 国瓷材料（300285）日 K 线走势图

且指标线 J 已经到达了 100 线。股价 K 线脚踩筹码峰上行，且股价上方再无筹码峰，说明股价上攻已经没有阻力。当日该股大幅上涨，就是股价快速上升的信号，短线交易者可考虑入场追涨。

下面是国瓷材料 15 分钟 K 线走势，如图 5-18 所示。

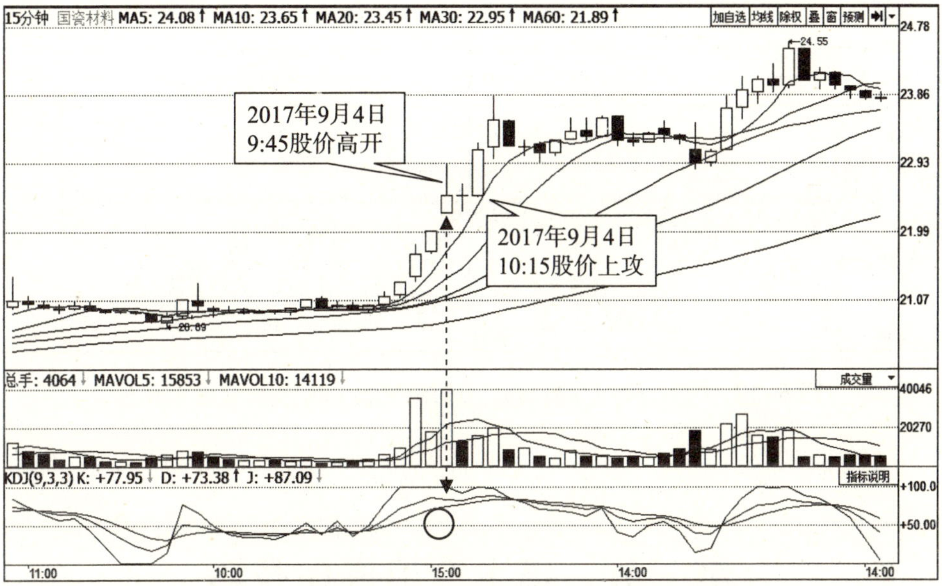

图 5-18　国瓷材料（300285）15 分钟 K 线走势图

国瓷材料的股价在 2017 年 9 月 4 日（9 月 2 日、9 月 3 日周末休市）开盘之后，直接高开高走，并一直在 5 日均线上运行。投资者可在股价回调到 5 日均线后重新上攻时，即 10:15 买入该股（9 月 4 日开盘后第三根 K 线）。

当然，投资者的具体买入时间，也可以参照该股的分时走势图，即股价线经过下跌之后重新上涨并突破均价线时，就是买入时间点，如图 5-19 所示。

国瓷材料的股价开盘后经历小幅上涨后，出现横向盘整。10:13 成功突破均价线，投资者可以在股价线突破均价线时买入该股。次日即 2017 年 9 月 5 日，股价快速拉升过程中，投资者可以在 5% 的止盈位卖出该股。

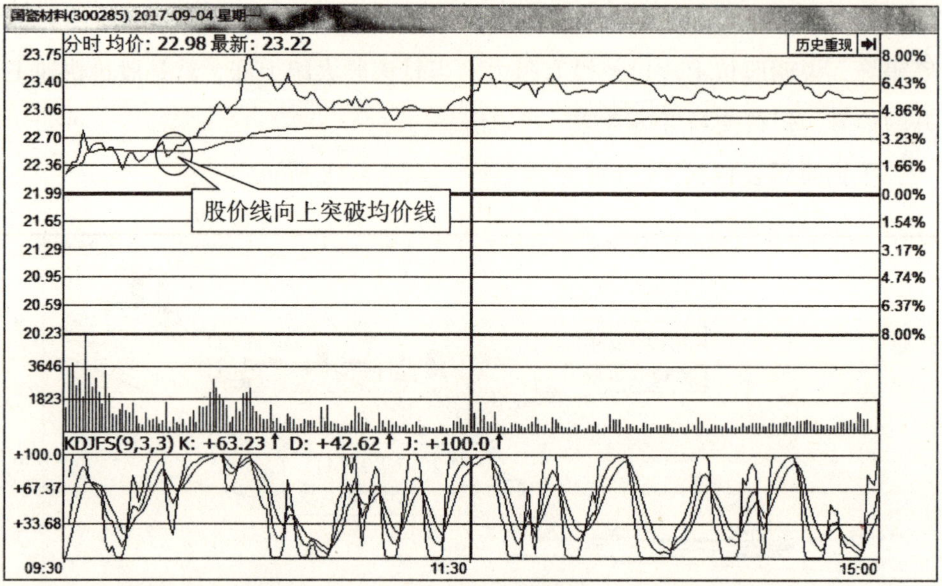

图 5-19　国瓷材料（300285）分时走势图（2017 年 9 月 4 日）

第三节　抓主升浪操作技巧

俗话说“吃鱼吃中段”。主升浪，就是波浪理论中的第三浪，是股价上攻过程中收益最为丰厚、风险相对较小的一个阶段。抓主升浪也是强势股操作的核心。

一、波浪理论中的“五浪结构”与“八浪循环”

前面已经介绍过波浪理论的基本概念，波浪理论被投资者称为最好的预测工具，同时，也是对市场行为最为细致的刻画。市场的运行在波浪中展开，每一次运动都是自然发生的结果。股票市场价格总是沿着可识别的模式或趋势运行，并且这些模式是不断重复的，可能是时间上的重复，也可能是幅度上的重复。

1. 基本的牛市和熊市八浪循环

第一章曾经介绍过波浪理论中最基本的八浪循环。在一个完整的八浪循环中，波浪共分为两个阶段：第一个是五浪驱动阶段，即前面所提的五浪结构，第二个是三浪调整阶段。

牛市中的八浪循环结构如图 5-20 所示。

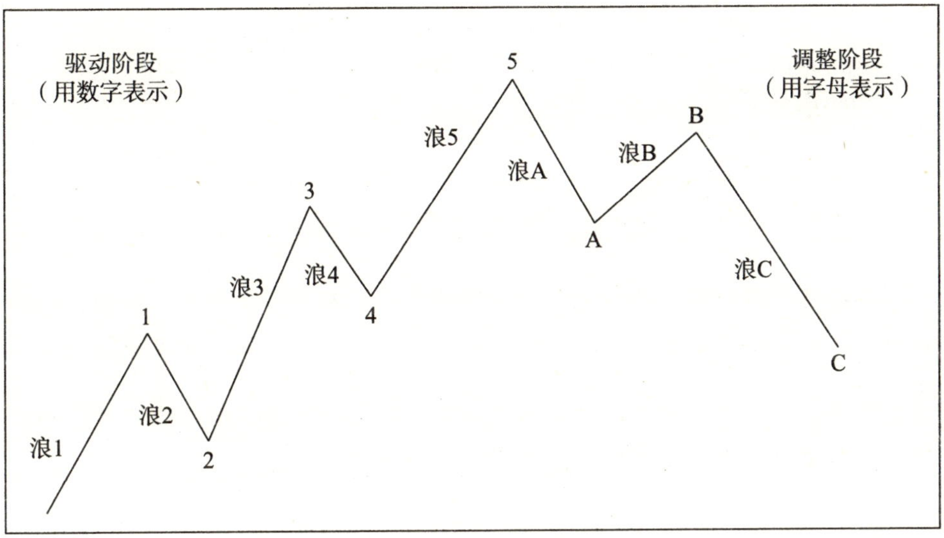

图 5-20 牛市中的八浪循环结构

驱动阶段的五浪全部用数字表示，即浪 1、浪 2、浪 3、浪 4、浪 5；调整阶段的三浪全部用字母表示，即浪 A、浪 B、浪 C。

在熊市中，也有表示下跌阶段的八浪循环结构。熊市中的八浪循环结构与图 5-20 中的八浪循环结构正相反，如图 5-21 所示。

2. 五浪模式

作为强势股交易者，很多时候不可能去跟踪每只股票的八浪循环，因为他们只想找到上升幅度最大的阶段。也就是说，在牛市八浪循环和熊市八浪循环中，只有牛市八浪循环中的前五浪才是最有意义的。

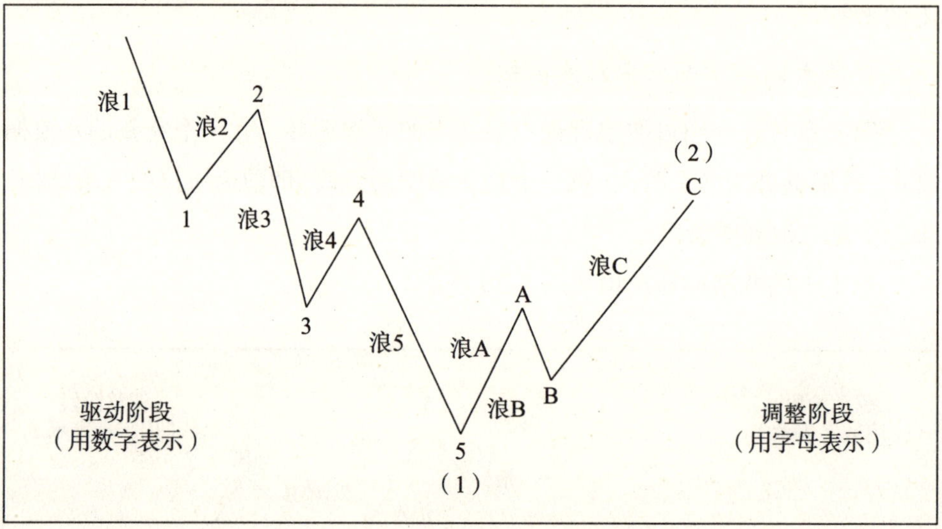

图 5-21　熊市中的八浪循环结构

艾略特通过对前人经验的总结后得出结论，在各种市场中，价格前进一般都会沿着五浪结构进行。在这五浪当中，浪 1、浪 3、浪 5 是推动向前运行的，称为有向运动；浪 2、浪 4 是休整浪，是逆向运行的。对于将要发生的整个有向运动，这两个逆向休整浪是必不可少的。

艾略特认为，五浪形态存在三个永恒的法则：

第一，浪 2 永远不会低于浪 1 的起点。

第二，浪 3 永远不是最短的一浪。

第三，浪 4 永远不会进入浪 1 的价格领地。

艾略特认为，市场永远处于这个五浪模式当中，唯一的区别是五浪的位置及波浪的长短各不相同，在这个五浪结构中，浪 1、浪 3、浪 5 驱动价格向前运行，其作用被称为“驱动浪”；浪 2、浪 4 是促使价格出现回调的，其作用被称为“调整浪”，如图 5-22 所示。

二、第三浪（主升浪）基本特征

前面介绍了波浪理论中牛市八浪循环的前五浪，但并不是所有的五浪都

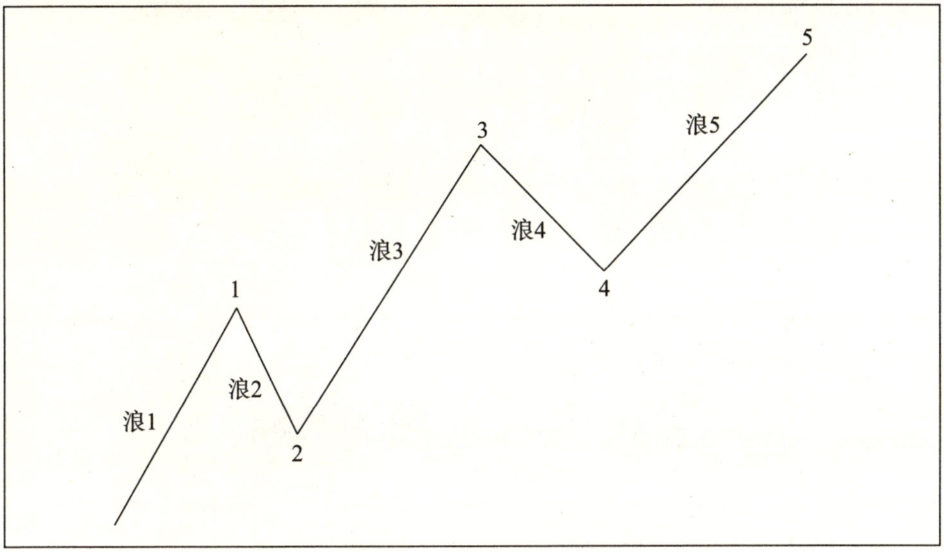

图 5-22　基本的五浪结构

要重点跟踪。交易强势股的目标非常简单，就是找到第三浪。第三浪也就是通常所说的主升浪，是整个波段中涨幅最大、升势最强的一浪。

由于第二浪回调持续的时间短促，力度很大，很多投资者出于对股价走势的恐惧不敢介入其中。这时候主力突然大力拉升股价，使得股价在短期内大幅上涨，形成了一波壮观的主升浪。

下面是新湖中宝的日 K 线走势，如图 5-23 所示。

从图 5-23 可以看出，该股在一波回调行情之后，出现了一波快速上升走势。这一波走势就是大家通常所说的主升浪。

观察该股第三浪启动点可以发现这样几个特征：

第一，第三浪启动时，即在该股由回调走势转为上攻走势的过程中，从 K 线形态上来看，该股的日 K 线会出现自下而上突破均线的形态。也就是说，在第二浪调整中，K 线必然会跌破短期均线，但一般不会跌破中长期均线。当第三浪启动后，K 线会重新向上突破均线。若 K 线在某条重要均线处受到支撑，则可增强股价上攻的可能性。

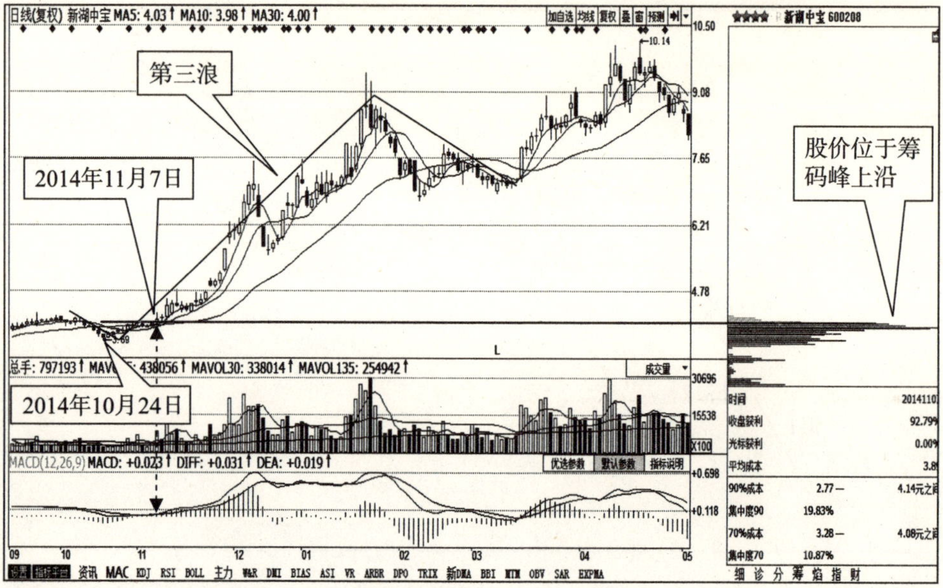

图 5-23 新湖中宝（600208）日 K 线走势图

第二，第三浪启动前，短期均线会跌破中期均线，但一般不会跌破长期均线。长期均线可能会放平但不会拐头。此后第三浪启动，短期均线重新向上穿越中期均线，形成金叉，且各条均线会逐渐转为多头排列，这也是所有股票即将启动上升的一个共同特征。

第三，第三浪启动后，随着股价的上升，成交量会呈现放大态势，但不会出现巨量。主力在拉升过程中，不断会有散户卖出股票兑现利润，因而随着股价的升高，成交量也会逐级放大。

第四，第三浪启动时，MACD 指标可能会出现金叉，且这一金叉的位置应该在 0 轴上方。相比第一浪时形成的金叉，这一次的交叉点更高。MACD 指标两度金叉，也是股价即将大幅上攻的信号。

第五，观察图 5-23 中的筹码分布，可以发现 2014 年 11 月 7 日新湖中宝的股价向上突破均线时，该股股价位于主要筹码峰的上方，说明该股上攻过程中不会有太多筹码流出，因而股价上升压力较小。

基于以上分析可知，相比第一浪的判断，第三浪的研判更加容易，而且一旦抓住主升浪，获利相当可观。作为波段交易者，最好能够将精力集中于捕捉主升浪。投资者在第三浪启动上攻时介入（图 5-23 所示的 2014 年 11 月 7 日）是一个不错的选择。

三、MACD 指标与主升浪结合分析

在实战操作中，MACD 指标在捕捉主升浪方面具有其他技术指标不具备的优势。通常情况下，股价经过长时间的下跌后，在止跌反弹时，MACD 指标往往会在 0 轴下方较远的位置出现金叉。此后，股价会有一波上涨走势。不过，通常这波涨势相对较小，投资者一旦将股价下跌过程中的反弹看成反转，将会把自己置于危险境地。MACD 指标在底部金叉后，来到 0 轴上方再度形成金叉，则可以增强买入信号的有效性，而这一位置往往也是主升浪启动的位置。MACD 指标与主升浪之间的关系如图 5-24 所示。

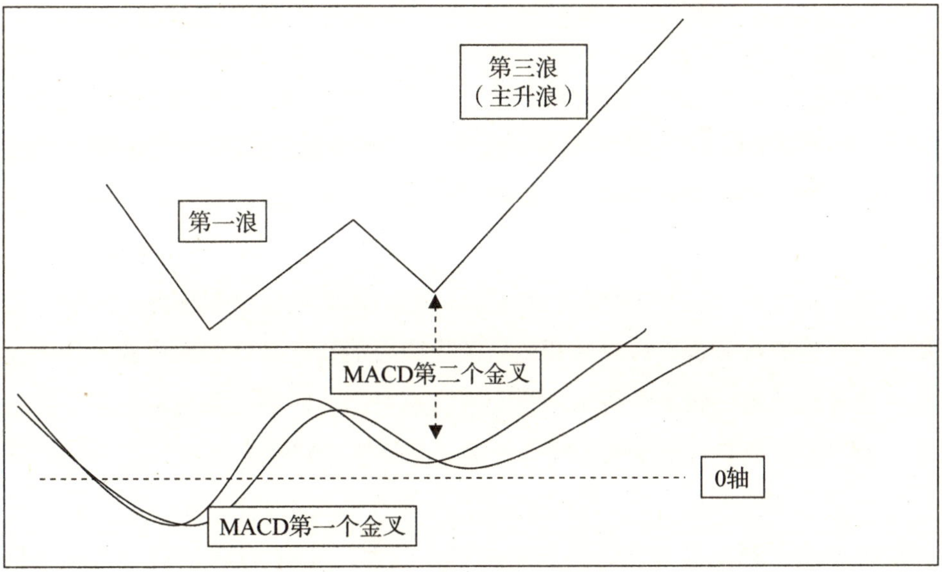

图 5-24　MACD 指标与主升浪

下面是明星电力的日 K 线走势，如图 5-25 所示。

明星电力的股价在 2017 年上半年随着大盘的下跌出现了一波震荡下跌

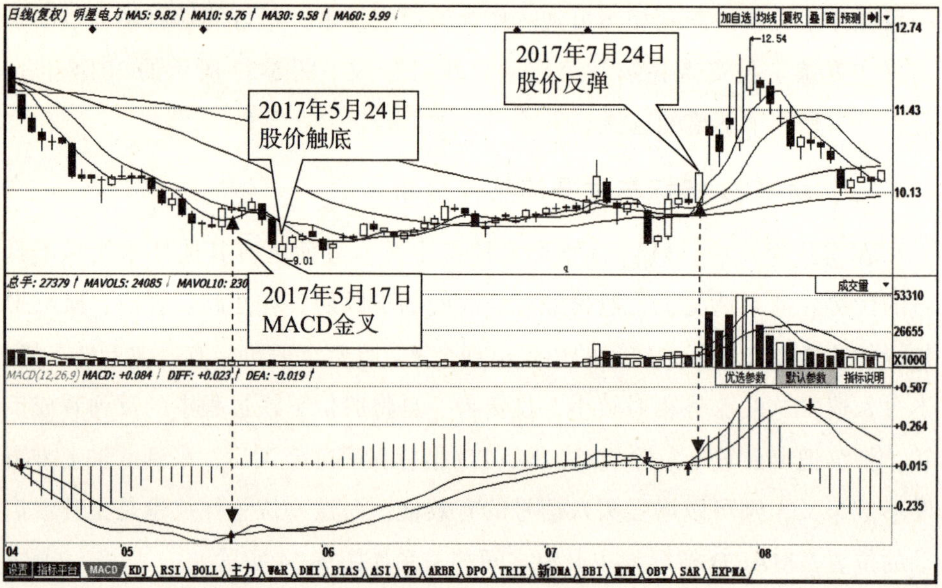

图 5-25　明星电力（600101）日 K 线走势图

走势。该股股价经过一段时间的下跌后，MACD 指标率先出现了反弹迹象，并于 2017 年 5 月 17 日出现了第一个金叉。观察此金叉可知，该交叉点位于 0 轴下方，且距离 0 轴较远，说明该金叉只能反映股价有结束下跌趋势的可能。

其后的 5 月 24 日，该股股价在触及 9.01 元低点后出现反弹。投资者运用波浪理论进行分析，可以判断此后的反弹可能属于下跌过程中的反弹浪，也可能是启动新一轮上升行情的第一浪。总之，此时的反弹面临很多不确定性。激进型投资者可少量入场建仓，保守型投资者宜继续观望。

此后，该股经过一波小幅震荡上升后再度回落。2017 年 7 月 24 日，该股股价出现大幅上攻迹象，且成交量同步放大。此时 MACD 指标再度出现金叉，且此交叉点位于 0 轴上方，说明此交叉含金量很高。根据股价走势情况，结合 MACD 指标二度金叉形态，可大致预判该只股票的主升浪即将到来，投资者可考虑买入该股。

第四节　追击涨停板操作技巧

追击涨停板的操作主要分为三类：其一，伏击涨停板，即在涨停板出现前介入，坐等股票涨停；其二，抢入涨停板，即在股价上攻至涨停板位置时火线抢入；其三，借势涨停板，在涨停板出现的次日择机入场，收获随涨停板而来的上升浪。

一般来说，第一种方式风险相对较小，但成功的概率也不高，没有谁能百分之百地抓住涨停板；第二种方式抓住涨停板的概率很高，但风险极大；第三种方式相对比较温和，获利可观。

一、伏击涨停板

通常情况下，投资者可以通过观察 K 线、成交量的某些异动来预判股票是否有涨停的可能。例如，有些具有涨停基因（即经常拉出涨停板）的股票，常常会在股价突破前期高点时拉出涨停板，这时投资者就可以预先准备了。

前期高点往往聚集了大量套牢盘，也是空方防守的重要防线。股价冲破前期高点往往需要聚集起较多的实力，因此，很多时候多头发力上攻时会出现涨停板，如图 5-26 所示。

1. 技巧分析

下面从量价关系、KDJ 指标以及筹码分布等角度对该技巧进行分析。

第一，量价分析。

前期高点位置往往聚集了很多套牢盘，每当股价自下而上来到附近时，很多套牢盘就会争相涌出，从而促使股价下跌，这就是前期高点对股价的阻力作用。多方如果想冲破前期高点位置，就不得不聚集起超过卖盘的实力，从而一举实现突破。在多方突破前期高点封锁时，股价就会大幅上涨，在此

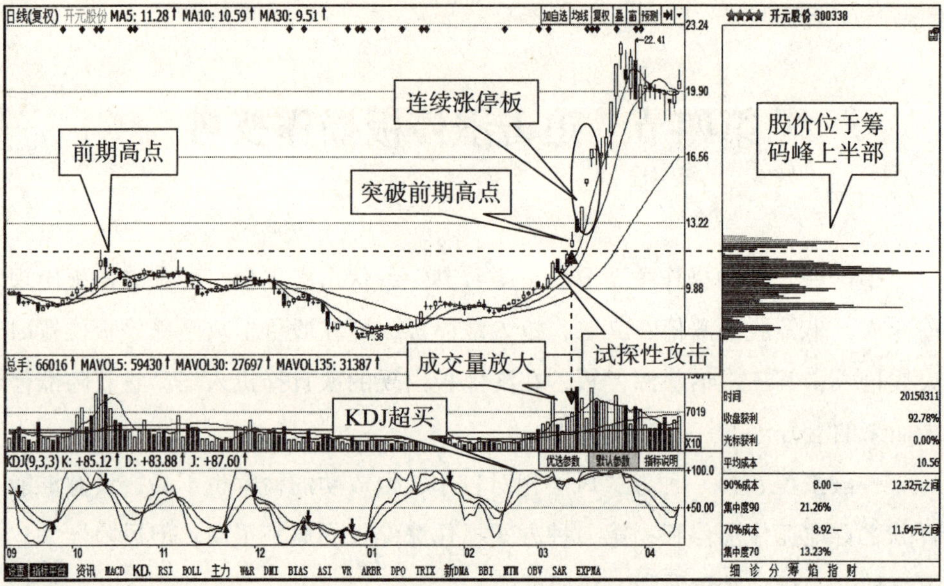

图 5-26　股价放量突破前期高点

过程中多出现涨停板。

第二，KDJ 指标分析。

当股价第一次冲击前期高点时，KDJ 指标往往会进入超买区间，指标线 J 可能会达到 100 线，预示股价很快将会下跌。当股价第二次冲击前期高点时，KDJ 指标由于前次冲高未果，回调后重新上攻，指标线 J 会有一个拐头向上的动作，很有可能会出现一个高位金叉形态。

第三，筹码分布分析。

从图 5-26 中可以看出，随着股价自前高点回落，该股的筹码迅速向回调区域聚集。由于股价波动幅度较大，因而在股价波动区域形成了数个筹码峰。当股价经过一轮回调整理后重新启动上升时，往往是股价站在主要筹码峰上沿的时候。

观察此时的筹码分布图可知，股价上方仍有一个规模较小的筹码峰。通常情况下，股价要想穿越该筹码峰会受到一定的阻力，主力则往往会直接以涨停板的形式快速越过该筹码峰，此后股价就会迎来一波快速上升走势。

2. 伏击要点

实战操作中，想要伏击此类涨停板需要注意以下几个要点：

第一，股价突破前期高点前，已经数次来到前期高点附近，投资者可以依据这一标准选择目标股操作。

第二，股价突破前期高点前有一个高位震荡过程，这一过程是多方积聚实力必不可少的环节，投资者可以依照这一标准判断即将冲破前期高点的股票。

第三，股价冲高前有一个假摔动作，即有一个股价下跌的过程，但这一过程持续时间不会太长，一旦重新开始上涨且突破前期高点，就是投资者买入的最佳时机。

第四，股价冲高之后，也有可能在冲高当日出现涨停板。

二、抢入涨停板

追击涨停板成功率最高的方法，莫过于在涨停板形成时追涨买入。但是，并不是所有时间、所有涨停板都可以追涨买入。

涨停板出现时追涨买入股票的操作要点如下：

第一，大盘环境。大盘当日走势要稳健，如果能够强势上涨更好。切记，如果大盘出现破位下跌的情况，尽量不要追击涨停板。

第二，涨停时间。个股到达涨停板的时间越早越好，尽量选择那些在开盘半小时内就到达涨停板的股票。可借助炒股软件中的【涨幅排名】和【涨速排名】来寻找最佳的操作标的。

第三，股价位置。投资者要秉持一个原则，即股价不涨停不追。只有股价到达涨停板位置且有大单开始买入时，方可追涨买入。

第四，量价关系。股价在上涨过程中需要保持价量关系健康，即股价上涨时成交量放大，股价下跌时成交量萎缩。

第五，涨停板数量。尽量选择在某只股票出现第一个涨停板时买入。如果某只股票已经连续出现涨停，则尽量不要买入。

第六，KDJ 指标分析。买入股票前，日线 KDJ 指标出现金叉，指标线 J 能到达 80 线上方区域为好，若指标线 J 到达 100 线则更佳。

第七，筹码分布。买入股票前，股价位于主筹码峰上方为好，股价上方无明显筹码峰更佳。

第八，仓位控制。火线抢入涨停板的操作面临非常大的风险，因而以少量资金参与为宜。参与该项操作的资金占资金总额的比重不能超过 20%。

第九，股票卖出。投资者尽量在次日开盘后寻高点卖出股票。当然，如果该只股票再次冲击涨停板，则可继续持有。若次日开盘后股价并未上升，而是直接以低于前一交易日收盘价开盘并开始下跌，则应立即卖出，不可恋战。

下面以陇神戎发为例进行介绍。

2017 年 8 月 15 日，投资者打算按照火线抢入涨停板的操作技巧买入陇神戎发，那么，首先需要对当时大盘走势有所了解。上证指数走势情况如图 5-27 所示。

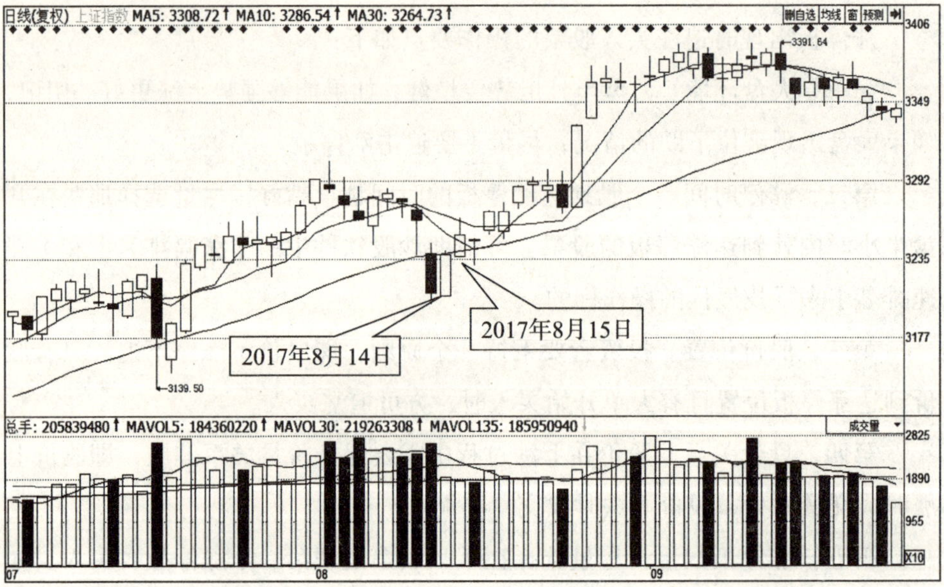

图 5-27　上证指数（000001）日 K 线走势图

上证指数在 2017 年下半年整体呈震荡上升走势，在上升过程中虽出现了几次回调，但都很快重新回到上升趋势中。这说明大盘走势较稳，比较适宜进行短线和超短线操作。

2017 年 8 月初，上证指数出现了回调走势。8 月 14 日，上证指数在低于 30 日均线位置回升向上，且在 8 月 15 日重新回到 30 日均线上方，说明大盘已经结束回调，其后可以进行短线操作。

投资者若想对陇神戎发进行火线抢入涨停板的操作，还需对该股的走势情况以及股价所处的位置进行研判。陇神戎发的日 K 线走势如图 5-28 所示。

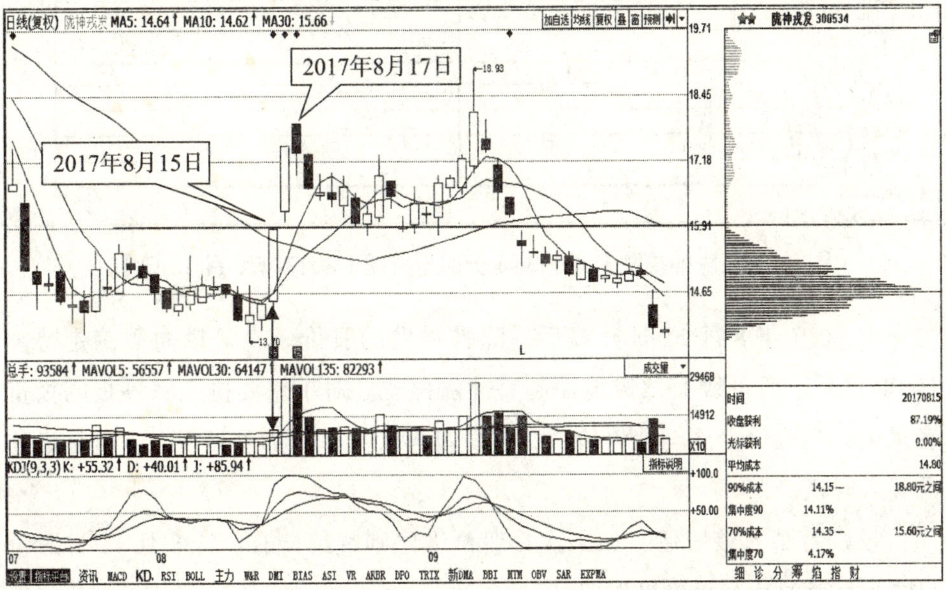

图 5–28　陇神戎发（300534）日 K 线走势图

陇神戎发的股价经过一段时间的下跌后，出现了明显的筑底迹象。随着股价在底部区域盘整，筹码逐渐向底部区域聚集。2017 年 8 月 15 日股价启动上涨，主筹码峰已经处于股价的下方，且股价上方再无明显的筹码峰，说明股价未来上攻面临的压力较小。观察该股的 KDJ 指标可知，此时 KDJ 指标刚刚完成金叉形态，指标线 J 刚刚越过 80 线，正向 100 线移动。此时属于较佳的短线操作时机。

投资者可结合陇神戎发的分时走势来寻找最佳买入点，如图 5-29 所示。

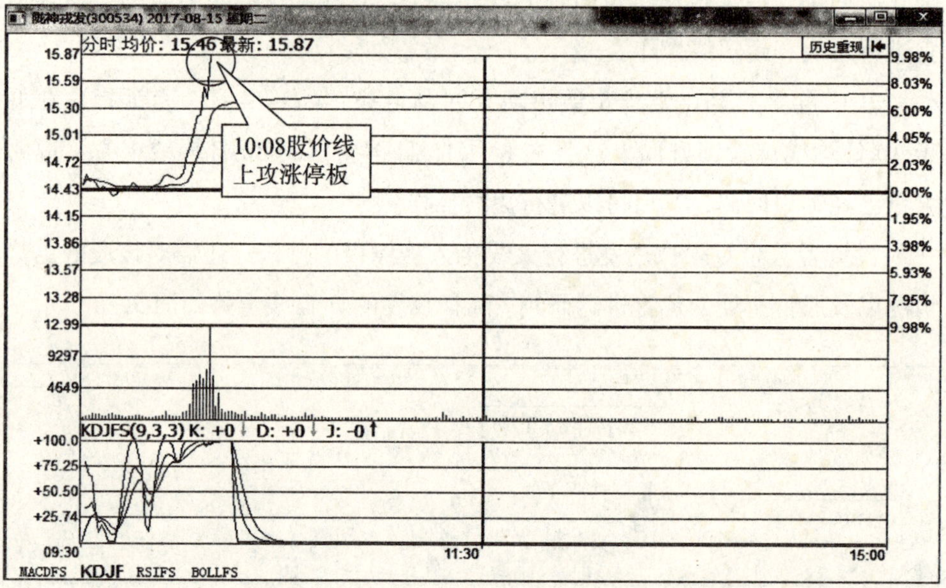

图 5-29　陇神戎发（300534）分时走势图（2017 年 8 月 15 日）

在 2017 年 8 月 15 日开盘后，陇神戎发的股价一直呈横向震荡走势。10:00 之后，股价线突然拔地而起直冲涨停位。对于想要抢入涨停板的投资者来说，当股价上涨至涨停价位，且卖盘再无大单而买单频现时，就是最佳的买入时机。

投资者买入该股后，如果次日股价涨停则继续持有，待 8 月 17 日股价自高点回落时执行卖出操作即可。

三、借势涨停板

出现涨停板后，往往会带动股价出现一波上升行情。借势涨停板的操作要点，就是在股价涨停后追随股价的上升趋势，获取尽可能多的利润。当然，并不是每个涨停板后都有一波上升趋势，只有那些在特殊位置出现的，具有某些典型特征的涨停板，才有可能引发一波上升行情，如底部出现的强势“出水芙蓉”形态。

强势“出水芙蓉”，多现于底部盘整或下跌趋势后期的一种涨停形态。股价涨停的同时，均线如果能呈多头排列，上涨的概率非常大。

根据强势“出水芙蓉”形态进行操作时，应该注意以下几点：

第一，股价涨停前已经出现了一波横盘或下跌行情，各条均线出现黏合状态。

第二，某一日股价低开高走以涨停报收，并一举突破了多条均线，形成“出水芙蓉”形态。

第三，股价突破各条均线后，各条均线呈发散状排列。

第四，股价突破各条均线当日，成交量出现放大态势。

第五，股价涨停时，K 线已经站在了筹码峰上沿位置，表明上方无明显阻力，未来上攻可期。

第六，股价涨停时，KDJ 指标出现金叉。各指标线若能快速进入超买区域，则可增强该信号的有效性。

第七，股价突破各条均线并位于各条均线之上时，就是第一个买点。

下面是荃银高科的日 K 线走势，如图 5-30 所示。

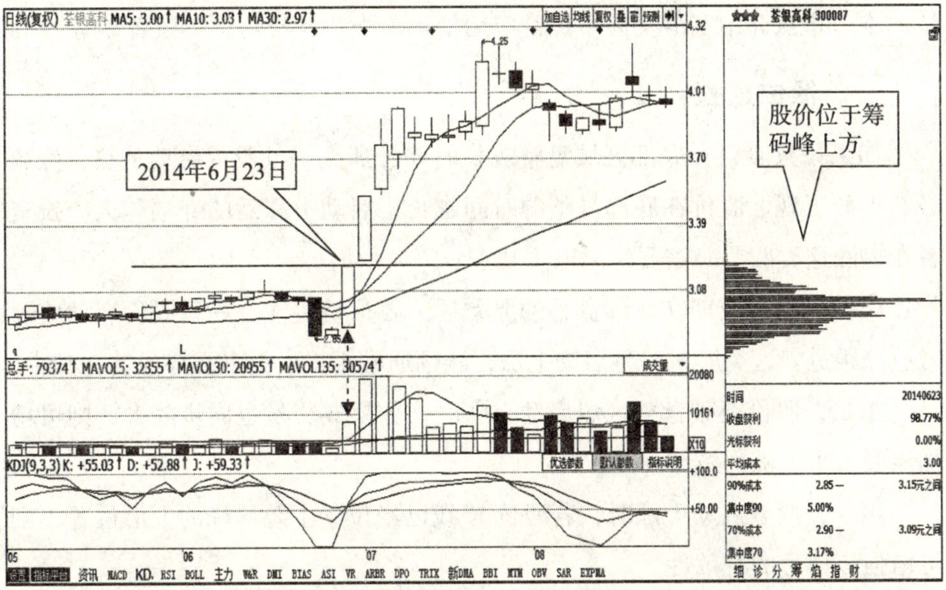

图 5-30　荃银高科（300087）日 K 线走势图

2014年上半年，荃银高科的股价走出了一波盘整上升行情，该股的各条均线逐渐黏合。

2014年6月23日，荃银高科的股价大幅飙升，以涨停报收，当天的K线一举突破了多条均线的压制，形成了强势“出水芙蓉”形态，预示着该股股价将要有一波快速上涨行情。

6月23日，该股的成交量相比前几个交易日放大数倍，说明有资金流入。观察此时的筹码分布图可知，股价位于筹码峰上方，且股价上方无筹码峰，未来上升阻力较小。此时KDJ指标刚刚形成金叉，也是典型的买入信号。股价向上突破多条均线后，各条均线呈多头发散排列，说明股价短期将呈强势，投资者可买入该股。

第五节　短线追击强势股实战技巧

本节重点介绍实战交易中经常应用的追击强势股技巧，供读者参考。

一、低位盘整

如果一只股票在底部区域盘整较长时间，那么一旦股价启动上涨，涨幅必然十分可观。股价在底部盘整的时间越长，启动上涨后的涨幅越大。投资者在追涨这类股票时需要注意以下几点：

第一，发现长期在底部盘整的股票后，要保持关注，一旦股价启动应及时追涨跟进。这类股票一旦启动上涨，涨幅通常很大，很多强势股就在其中。

第二，股价突破盘整区域启动上涨时，如果成交量也同步放大，则可增加该股未来上涨的概率。

第三，股票启动上涨时，若股价K线已经位于主筹码峰的上沿位置，则可增强该信号的有效性。

第四，股价启动上涨前，如果KDJ指标出现买入信号，则可增加股价未来上涨的可能性。

下面是泸州老窖的日 K 线走势，如图 5-31 所示。

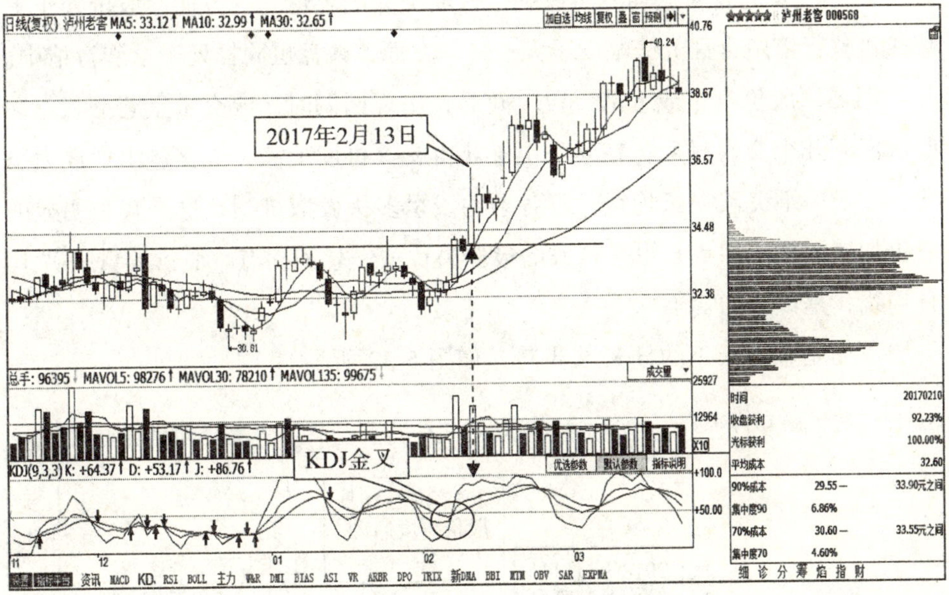

图 5-31 泸州老窖（000568）日 K 线走势图

2016 年 11 月到 2017 年 2 月初，泸州老窖的股价一直处于底部盘整状态。该股在盘整过程中，没有出现过大幅度的涨跌，同时成交量也出现了萎缩，说明该股在抉择方向。此时观察该股的筹码分布图可知，该股筹码逐渐向横盘区域集中。也就是说，一旦股价脱离筹码密集区，就可能迎来一波上升或下跌走势。

2017 年 2 月 13 日，泸州老窖的股价放量高开高走，此时股价已经突破了长期盘整的趋势，成交量也出现了放大态势。在此之前，KDJ 指标出现金叉。观察此时的筹码分布图可知，股价已经站在了主筹码峰的顶部区域，说明该股将启动上涨行情，投资者可于此时追涨买入该股。

二、暴利拐点

股价经过一波盘整或小幅上涨之后出现回调，此后股价重新上扬，且加速上涨，这一加速时的买点就是暴利拐点。

判断股价上攻加速的暴利拐点时，需要注意以下几点：

第一，股价与大盘均处于有利于入场交易的环境。一方面，股价处于上涨或盘整行情中，且上涨幅度不大；另一方面，大盘也同样处于上涨行情中。

第二，股价盘整或上涨一段时间后，出现回调时，成交量呈萎缩状态。股价回调几个交易日后，在某一位置获得支撑再度上涨，成交量出现放大态势，K线一举突破多条均线，且各条均线呈多头发散排列，这是较为明显的股价加速上攻的拐点，也是该股的最佳买点——暴利拐点。股价放量跌破10日均线，是该股的卖点。

下面是金自天正的日K线走势，如图5-32所示。

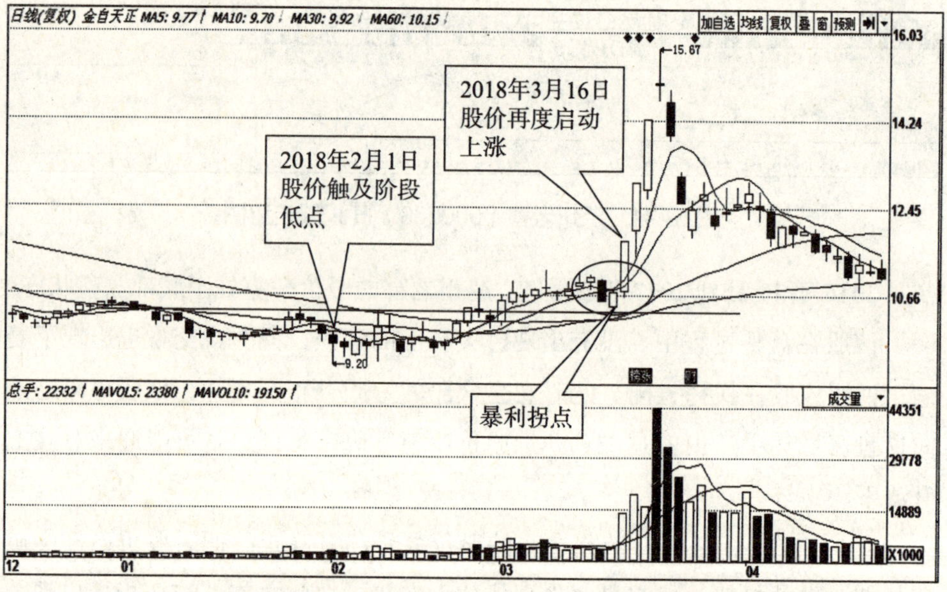

图5-32　金自天正（600560）日K线走势图

2018年1月底，金自天正的股价经过一段时间的下跌后出现止跌企稳迹象。2月1日，该股股价触及9.20元低价后开始震荡整理。此后该股逐渐开始缓慢上攻。

金自天正的股价自2018年2月初启动震荡上攻后，一直呈缓慢上升走势。

到了3月中旬，股价开始小幅回调。随着股价的走低，成交量也开始逐渐萎缩。

2018年3月15日，该股股价回调至前期高点位置时，因受该位置的支撑重新上攻。3月16日，该股股价开始大幅放量上攻，并一举突破多条均线，说明3月15日形成的低点是一个“暴利拐点”形态。此后股价启动上涨行情，投资者可跟进买入该股。

该股在短短几个交易日内涨幅超过40%，由此可知暴力拐点引发股价上涨的力量之强。

出现暴利拐点，标志着股价开始加速上涨。投资者发现这种形态后，应第一时间跟进买入该股。

判断“暴利拐点”形态时，应注意分析拐点位置有无阻力位。如果此时正处于一个阻力位，且股价放量突破了阻力位，那么股价加速上涨的可能性更大。

三、平台突破

若某只股票的股价在震荡整理过程中呈现出平台形态，则大致可以判断主力正在选择突破的方向。其后若股价放量向上突破，投资者可考虑追涨买入。

平台突破追击强势股的操作要点如下：

第一，大盘处于底部盘整或上涨行情中。

第二，个股经过一轮上涨之后，形成明显的整理形态，出现了下降楔形、矩形整理、上升三角形等形态。

第三，股价某日携量向上突破平台上轨，且当日涨幅在5%以上。

第四，5日均线上穿10日均线，并形成较大角度的攻击态势，此时为最佳买点。

第五，股价脱离平台区域时，KDJ指标会出现高位金叉或指标线进入80线上方超买区域。

第六，股价脱离平台区域前，筹码已经聚集于平台区域。启动上攻时，K线位于筹码主峰的上沿。

下面以天马精化为例进行介绍。

2014 年 11 月到 2015 年上半年，大盘处于盘整上升过程，说明大盘提供了良好的操作环境，如图 5-33 所示。

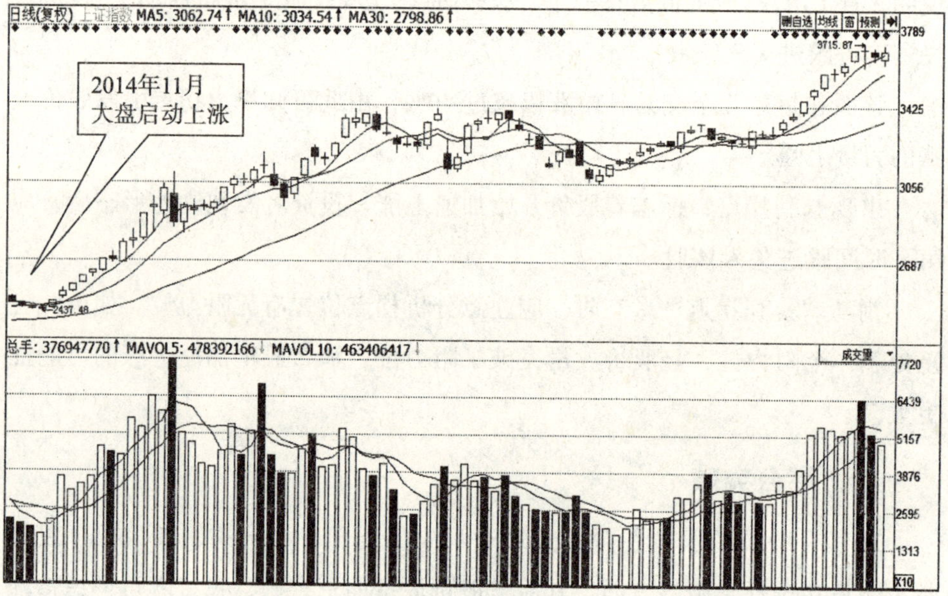

图 5-33　上证指数（000001）日 K 线走势图

上证指数从 2014 年 11 月初开始一路震荡上行，这比较有利于进行短线操盘。

此时的天马精化日 K 线走势如图 5-34 所示。（“天马精化”现为“华软科技”）

天马精化的股价从 2014 年 10 月初随大盘启动了一波上涨行情，股价不断创出新高。2014 年 10 月 31 日开始，处于上涨行情中的天马精化出现了回调走势，回调整理过程中走出了“下降楔形”形态。

2015 年 3 月 2 日，天马精化的股价携量突破了下降楔形上轨，且当日涨幅超过 5%，成交量也较前几个交易日有了明显放大，说明该股即将有一波上涨行情，投资者宜迅速介入，擒住这只即将上涨的“黑马”。

观察此时的筹码分布图可知，3 月 2 日 K 线已经站在了主筹码峰的上

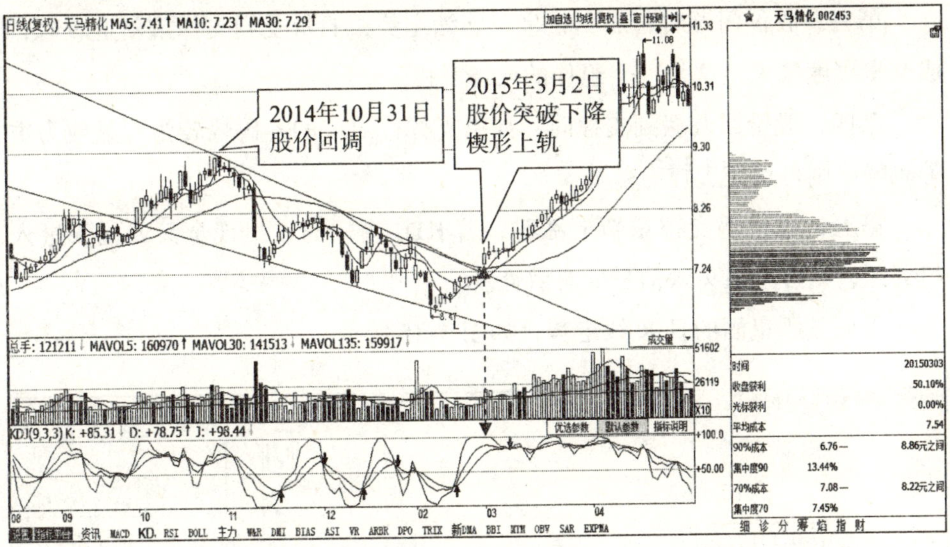

图 5-34 天马精化（002453）日 K 线走势图

沿位置，不过上方仍有少量筹码和小筹码峰，投资者要注意防范风险。此时KDJ 指标早已完成金叉，各条指标线已进入超买区域，指标线 J 到达 100 线，这都属于典型的买入信号。

投资者这里要注意一点，成交量放大往往有一个持续的过程。有时股价向上突破了，量比未必能够达到技术要求的倍数，但只要相比前几个交易日有所放大就可以了，有时不必拘泥于固定的量比倍数。

四、千金难买牛回头

股价已经启动上涨行情后，会让很多错过行情的投资者后悔不已。牛市中，股价的每一次回调都是一次绝佳的买入机会，这就是通常所说的“千金难买牛回头”。

该技巧的操作要点如下：

第一，股价已经启动了快速上升走势，且运行于 5 日均线之上，股价与成交量双双上攻，各条均线呈多头发散排列。

第二，股价上升一段时间后出现回调，在某条均线或某一重要支撑位获得支撑，之后重新启动上攻。

第三，股价回调时，成交量呈现萎缩态势，股价受到支撑重新上攻时，成交量再度放大，这是一个绝佳的入场时机。

第四，股价回调遇到支撑时，如果支撑位对应的筹码峰较为明显或为主筹码峰，则可认定支撑有效。

第五，股价遇支撑重新上涨时，若 KDJ 指标同步出现金叉或拐头进入超买区，则可增强买入信号的有效性。

下面是酒鬼酒的日 K 线走势，如图 5-35 所示。

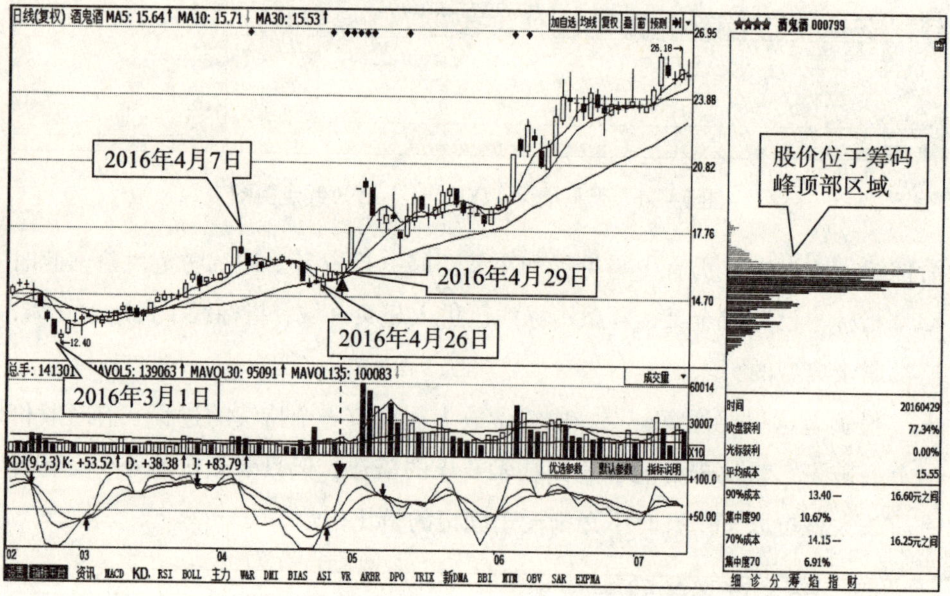

图 5-35　酒鬼酒（000799）日 K 线走势图

酒鬼酒从 2016 年 3 月 1 日开始启动了一波反弹行情。在反弹过程中，股价不断创出新高，想要短线介入该股的投资者很难找到机会。

2016 年 4 月 7 日，该股触及短期高点后出现回调，股价与成交量双双走低。4 月 26 日，该股股价跌至 30 日均线附近时，因受到均线的支撑而再度上攻。4 月 29 日，该股重新放量突破 5 日均线，KDJ 指标在此之前出现了金叉。观察当日的筹码分布图可知，此时股价位于主筹码峰的顶部区域，未来股价上涨阻力较小。

短线投资者可在4月29日买入该股，或在次日股价完全站在筹码峰上沿之后买入该股。

五、过顶擒龙

当一只股票涨停时恰好突破了前期高点阻力位，则股价未来上涨的可能性非常大，投资者可积极追涨，这就是通常所说的“过顶擒龙”。

过顶擒龙的操作要点如下：

第一，股价出现缓慢上涨走势，说明股价长期趋势向好。大盘处于上涨或盘整行情中，说明当前环境已经具备了入场条件。

第二，股价上涨到前期高点附近时，突然以涨停方式突破这一阻力位。

第三，股价以涨停方式突破阻力位时，成交量比前几个交易日放大了数倍。

第四，股价涨停时，各条均线呈多头发散排列。

第五，股价放量涨停且突破前期高点时，就是该股的第一个买点；涨停后，股价出现回调遇前期高点再度上涨时，是该股的第二个买点；股价放量跌破10日均线时，是该股的卖点。

下面是邦讯技术的日K线走势，如图5-36所示。

邦讯技术的股价在2015年4月3日创下一个高点后出现了下跌走势。2015年5月5日，该股股价遇支撑开始反弹，此后股价一路震荡上涨。

当股价接近前期高点时，出现了连续涨停走势，说明股价有突破前期高点的意愿。经过一番调整之后，2015年5月19日，邦讯技术的股价以涨停方式突破了前期高点，说明其后该股走强的可能性很大，投资者宜买入该股。

投资者使用“过顶擒龙”技巧时应注意两点：

第一，股价突破前期高点前的涨幅。如果前期涨幅巨大，那么股价以涨停方式冲破前期高点后，不久就会重新开始调整走势。

第二，股价冲破前期高点前如果出现调整，那么未来走强的概率更大。

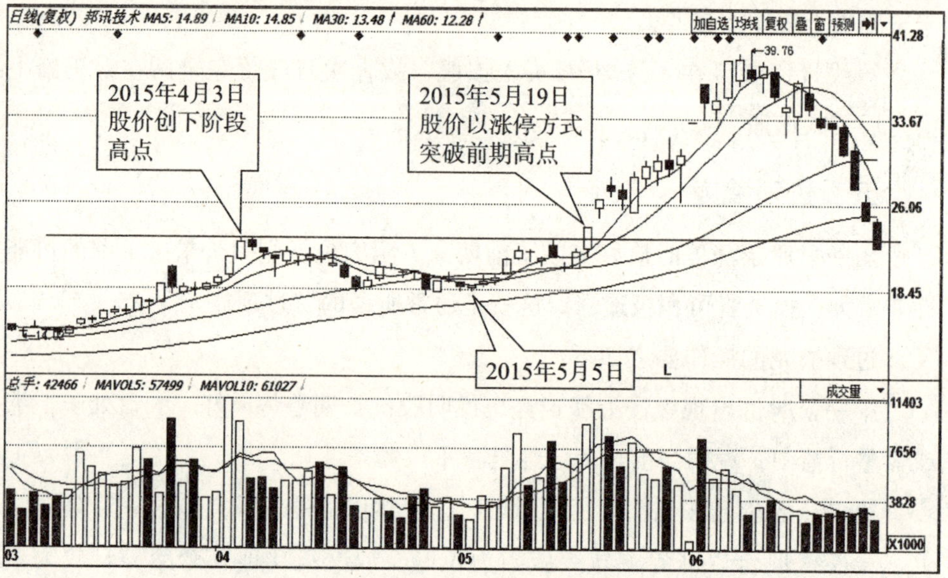

图 5-36　邦讯技术（300312）日 K 线走势图

六、强力支撑

当股价突破密集成交区后出现回调，回调至密集成交区附近时遇支撑出现强力反弹，则股价将发动一波快速上涨行情。

股价遇强力支撑后向上反攻的操作要点如下：

第一，股价经过一轮上涨后，已经成功突破密集成交区，说明先前的阻力区域将会转化为支撑区域。

第二，大盘处于上涨或盘整行情中，说明外部环境有利于短线交易。

第三，股价自高处回落至密集成交区，成交量应该呈萎缩状态，表明庄家并没有出货。

第四，股价回落至密集成交区时，会形成一定的底部形态，表明股价将再度上涨。

第五，股价从高处下跌到密集成交区附近时，一根探底的、带长下影线的 K 线也是不可或缺的，这是判断底部支撑的关键。

第六，股价遇密集成交区支撑再度上涨时，就是买入该股的最佳时机；股价出现放量下跌走势时，投资者要第一时间卖出该股。

下面是辅仁药业的日K线走势，如图5-37所示。

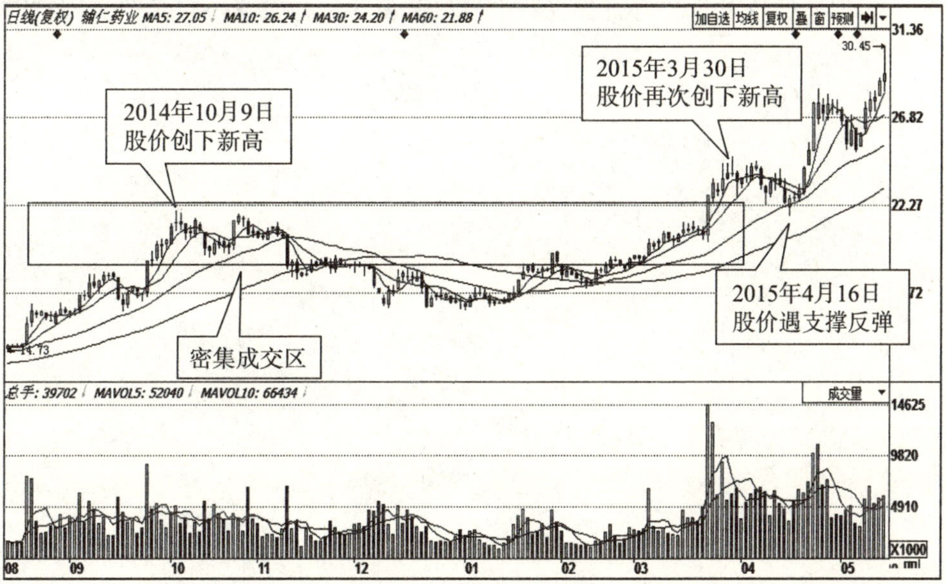

图5-37 辅仁药业（600781）日K线走势图

辅仁药业在2014年9月底到11月中旬形成了一个密集成交区。2015年3月初，该股股价突破了这一密集成交区，说明股价走势趋强。

2015年3月30日，辅仁药业的股价创下阶段高点后开始了一段调整走势。当股价下跌到前期密集成交区附近时，由于受到密集成交区的支撑，在K线图上留下了一根带长上下影线的十字线，之后走出了一波反弹行情。

该股经过几个交易日的反弹之后，重新开始下跌。当下跌到密集成交区价位时，重新获得支撑缓步上涨，至此该股小双底形态正式形成。小双底形成过程中成交量呈萎缩状态，预示该股以后会有一波较大的拉升。其后，该股启动了一波强势上升行情。

前期密集成交区一般会积累套牢或未成交的筹码。当股价自下而上来到密集成交区附近时，先前的套牢盘会蜂拥而出，这样就会使股价重新回到下跌的轨道上。当股价成功突破密集成交区并站稳时，密集成交区位置会积累一定的未成交买盘，当股价再次回落到密集成交区附近时，这些买盘就会成交，从而促使股价重新开始一轮上涨。在这轮上涨过程中，有时会出现涨停板。

第六章

猎杀强势股实战技巧

本章重点介绍通过 K 线形态、MACD 指标、RSI 指标、BOLL 指标、均线形态、量价关系等盘面信号，在实战应用中如何猎杀强势股的方法和技巧，供读者参考。

第一节　K线形态猎杀强势股技巧

当K线组合出现某些特殊形态时，往往意味着股价启动上涨的概率较高，强势股很可能从中脱颖而出。

一、出水芙蓉

出水芙蓉，是指在股价盘整过程中，各条均线出现黏合状态，某日股价大幅上涨，拉出一根大阳线，且此阳线一举突破多条均线。该形态属于强烈的看涨形态，很多强势股上涨启动期都出现过此种形态，如图6-1所示。

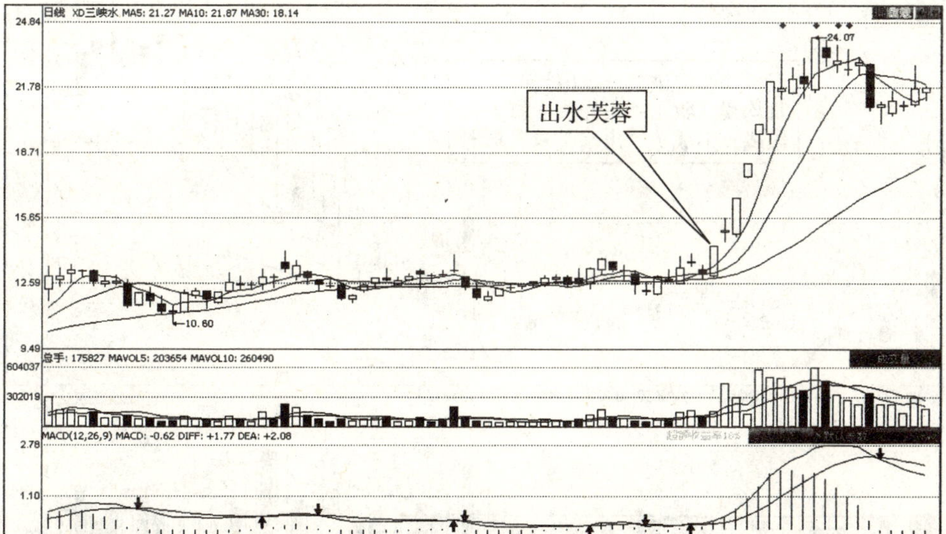

图6-1　出水芙蓉

1. K 线形态成立条件

（1）股价长期处于横盘状态，各条均线黏合。

（2）成交量维持在较低水平。

2. K 线形态特征

（1）某一日股价低开高走，一举突破多条均线。

（2）股价突破均线当日常常以涨停报收。

（3）股价突破之后，各条均线由黏合状变为发散状，且方向向上。

（4）股价突破各条均线当日，成交量放大。

3. 强势股买点

当股价突破各条均线并位于各条均线之上时，就是买入该股的较好时机。

4. 实盘案例

如图 6-2 所示，2016 年 8 月，三房巷处于阶段性底部盘整阶段。2016 年 9 月 5 日，该股放量上涨，股价连续突破 5 日、10 日和 30 日均线，收出

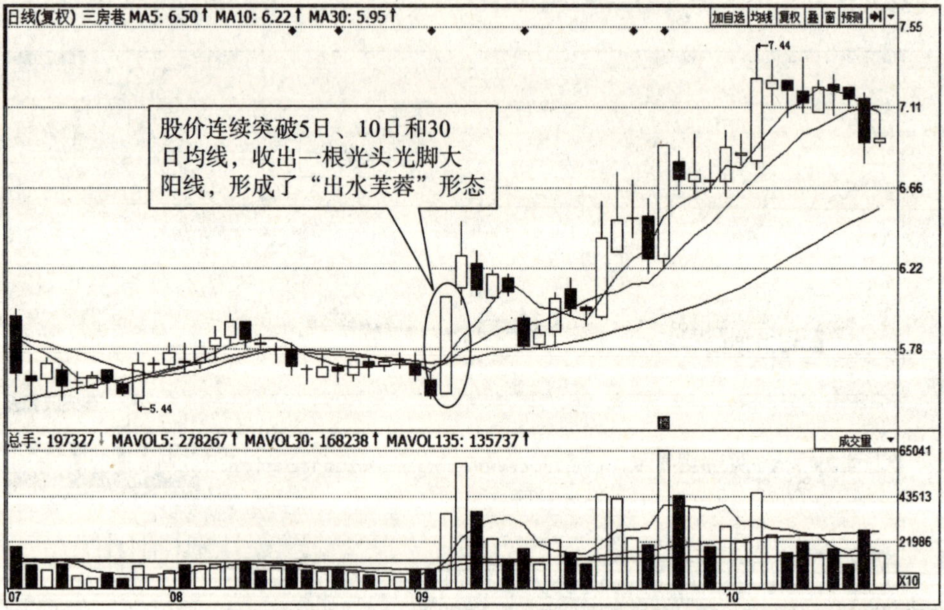

图 6-2　三房巷（600370）日 K 线走势图

一根光头光脚阳线。看到这种情况，激进的投资者可以适量买入，稳健的投资者可以再观察几日，待股价站稳均线后再介入。

5. 注意事项

应用“出水芙蓉”猎杀强势股时，应注意以下几点：

（1）成交量变化。股价盘整过程中，成交量应呈萎缩状态。股价突破多条均线时，成交量应该有明显放大。

（2）股价突破多条均线后，各条均线如果出现多头发散排列，说明股价上涨趋势将会持续一段时间。

二、双针探海

双针探海，是指股价在底部盘整过程中形成双底形态，且每个底部都有一根带长下影线的 K 线。“双针探海”与“定海神针”形态相似，该形态发出的看涨信号更具可信度，如图 6-3 所示。

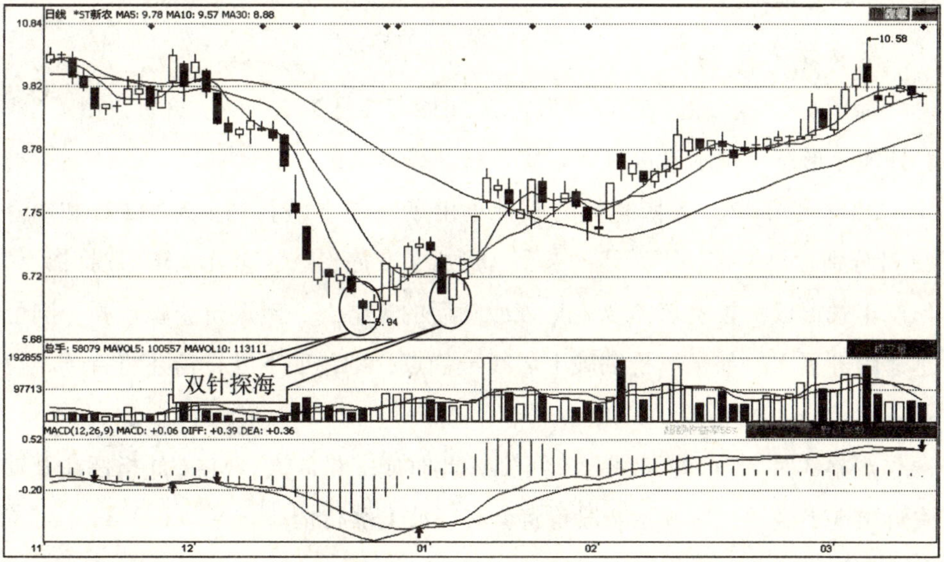

图 6-3 双针探海

1. K 线形态成立条件

（1）股价经过长期下跌之后，有明显的筑底迹象。

（2）成交量维持在较低水平。

2. K 线形态特征

（1）股价短期内接连走出两个底部，构成了双底形态。

（2）在双底形态中，每个底部都有一根下影线。

（3）第二个底高于第一个底，说明股价有企稳反弹的迹象。

（4）股价形成双底形态时，如果 MACD 指标出现金叉，则可增加股价上涨的概率。

（5）两个底部形态最好具有某些类似的地方，最少有一根 K 线相似。

3. 强势股买点

（1）股价走出双底形态的次日，如果股价发动上攻，就是买入该股的一个较好时机。

（2）股价突破双底形态颈线位时，是一个比较安全的买点，但相对于第一个买点已经有一段涨幅了。

4. 实盘案例

如图 6-4 所示，海特高新的股价在 2018 年 2 月 2 日和 3 月 23 日走出了“双针探海”形态，预示股价将要企稳上涨。

2018 年年初，海特高新的股价走出了一波下跌行情。2 月 2 日和 3 月 23 日分别收出了带长下影线的 K 线，形成了双底形态，这预示着“双针探海”形态正式形成。投资者需要观察该股随后的走势，一旦股价企稳反弹，则可迅速跟进买入。如果股价跌破下影线最低点，则说明下跌行情还将持续，投资者不可轻易入场。

观察 3 月 23 日的 K 线形态可知，此时成交量放大，MACD 指标在 0 轴附近出现了金叉，这预示着股价将会有一波上涨行情。

5. 注意事项

应用“双针探海”猎杀强势股时，应注意以下几点：

（1）两根下影线的低点。“双针探海”形态要求后一根下影线的低点

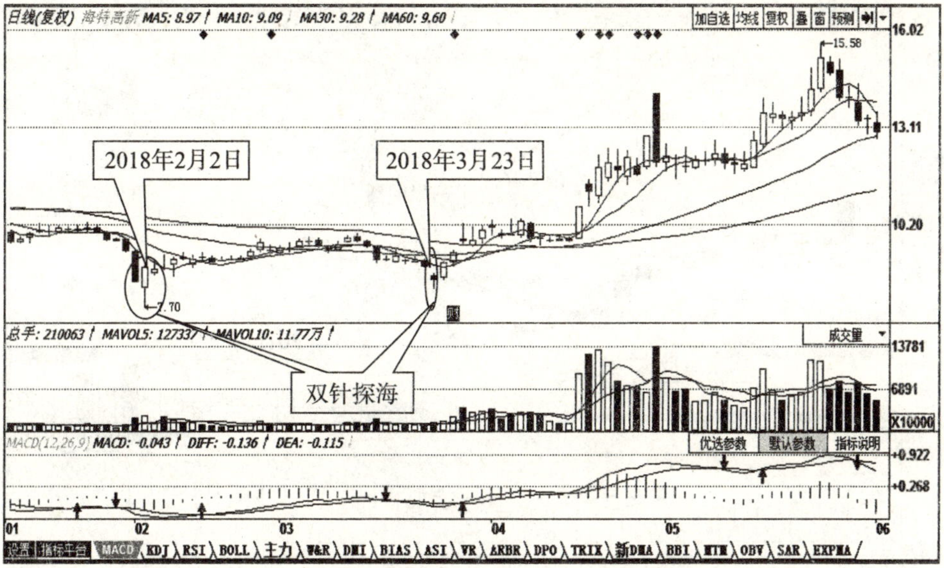

图 6-4　海特高新（002023）日 K 线走势图

要高于前一根下影线的低点，即使只差一分钱也可以。

（2）为了安全考虑，最好等双底形态形成之后再买入股票，以防被套在"半山腰"。

三、鱼跃龙门

鱼跃龙门，是指股价 K 线经过连续几个交易日的下跌后出现拐头缓慢上涨的迹象，5 日、10 日和 30 日均线也同步出现拐头向上迹象，某一交易日 K 线来到 30 日均线附近时，直接跳空高开越过 30 日均线，并最终收于 30 日均线之上。该形态属于典型的看涨形态，如图 6-5 所示。

1. K 线形态成立条件

（1）30 日均线由下跌状态转为上升状态或水平状态。

（2）成交量维持在较低水平。

2. K 线形态特征

（1）某一日股价放量跳空上涨，直接越过 30 日均线。

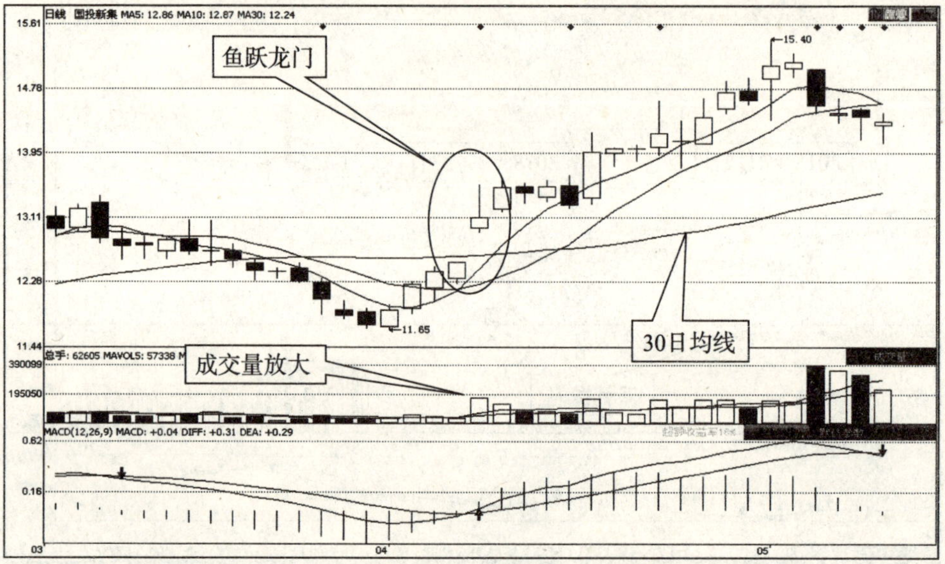

图 6-5 鱼跃龙门

（2）股价跳空上涨当日，收盘价位于 30 日均线之上。

（3）股价跳空上涨当日，成交量放大数倍。

（4）股价跳空上涨时，均线指标如果能走出金叉形态，则可增加股价未来上涨的概率。

3. 强势股买点

当股价放量跳空越过 30 日均线并且收于 30 日均线之上时，可考虑买入该股。

4. 实盘案例

如图 6-6 所示，华录百纳的股价经过一波下跌后，在 2015 年 10 月初走出了“鱼跃龙门”形态，预示股价将企稳上涨。

2015 年 6 月中旬以后，华录百纳的股价一直在 30 日均线下方运行，30 日均线由下跌状态逐渐转变为水平状态，说明股价走势将要企稳。

10 月 8 日，华录百纳的股价越过 30 日均线跳空高开并迅速封上涨停板，在 K 线走势图上留下了一个缺口，说明“鱼跃龙门”形态形成，投资者可买入该股。观察此时的均线指标可知：此时 5 日均线上穿 10 日均线和 30 日均

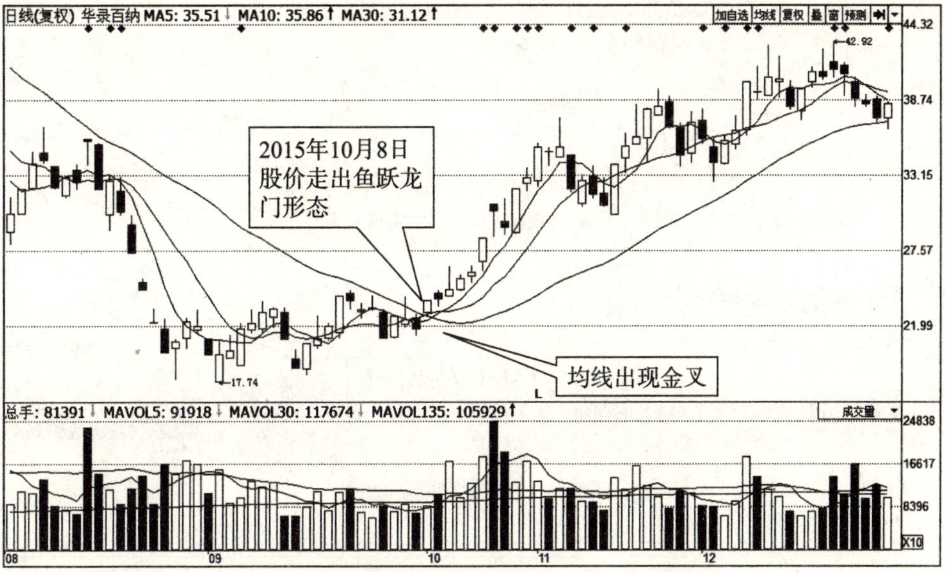

图 6-6 华录百纳（300291）日 K 线走势图

线形成金叉，这也预示着股价将出现一波上涨行情。

5. 注意事项

应用“鱼跃龙门”猎杀强势股时，应注意以下几点：

（1）成交量配合是形态成立的关键。股价越过 30 日均线前，成交量应呈萎缩状态；股价越过 30 日均线当天，成交量应呈放大状态（当日涨停个股除外）。

（2）股价跳空越过 30 日均线之后，如果出现回调，必须在缺口处能获得支撑。

四、蛤蟆跳空

蛤蟆跳空，是指股价某一日放量跳空突破前期高点连线并且收于趋势线之上，同时 MACD 指标出现拐头向上走势，表明股价上涨势头较猛，如图 6-7 所示。

1. K 线形态成立条件

（1）股价上涨前，大盘处于横盘或上涨趋势中。

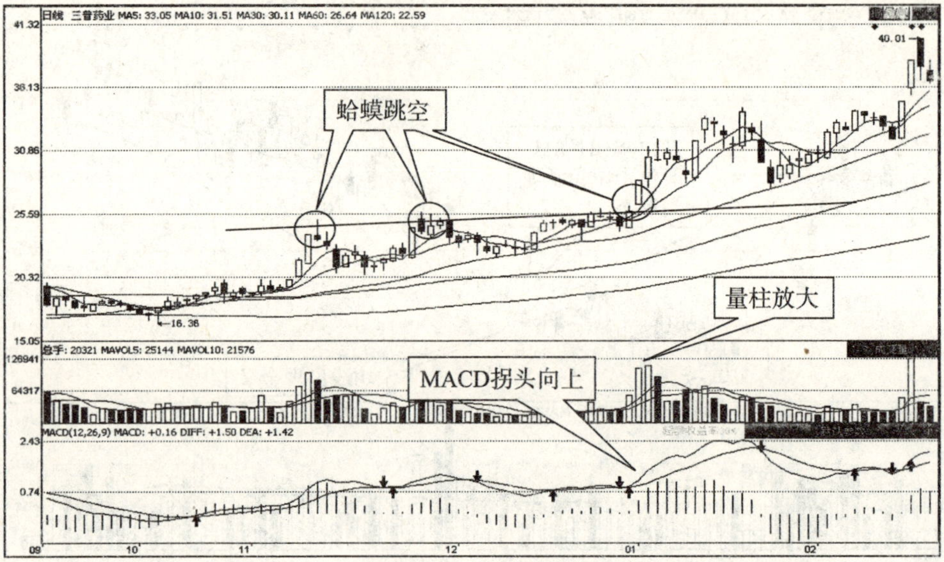

图 6-7 蛤蟆跳空

（2）股价跳空上涨时，大盘延续上涨行情，如果能够大幅上涨更好。

2. 技术形态

（1）各条均线呈发散状态，且 60 日均线和 120 日均线呈开口状态。

（2）股价已经连续创下两个高点，且后一个高点高于前一个高点，这两个高点可以用一根趋势线连接。

（3）某一日股价放量跳空上涨，直接越过前期高点趋势线。

（4）股价跳空当日，收盘价位于趋势线之上，成交量放大数倍。

（5）股价跳空上涨时，MACD 指标如果能走出拐头向上形态，则可增加股价未来上涨的可能性。

3. 最佳买点

股价放量跳空越过趋势线并且收在趋势线之上时，可考虑买入该股。

4. 实盘案例

如图 6-8 所示，天保基建的股价在 2014 年 6 月到 9 月走出了“蛤蟆跳空”形态，说明该股未来趋于强势。

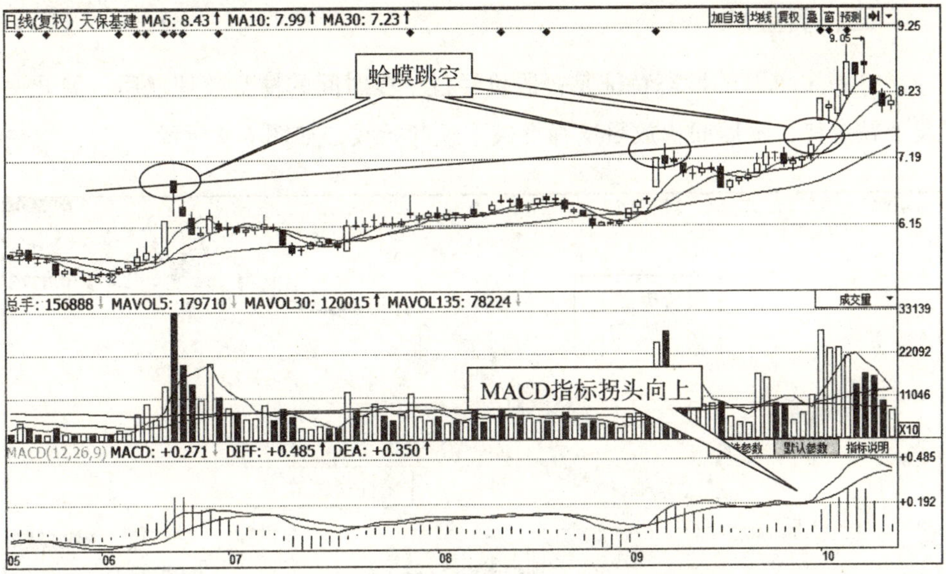

图 6-8　天保基建（000965）日 K 线走势图

2014 年 6 月 23 日，天保基建的股价创下一个短期高点后开始下跌。调整一段时间后再度上涨，并于 9 月 5 日突破前期高点后再度下跌。将两个高点用直线连接，如果股价突破这一趋势线，则可买入该股。

2014 年 9 月 30 日，该股股价以涨停报收，并来到趋势线附近。10 月 8 日，该股跳空高开高走，再度封上涨停板，此时“蛤蟆跳空”形态正式形成，说明股价走势较强，未来还将继续上涨。观察此时的 MACD 指标可知：该指标出现拐头向上形态，这也预示着股价将要上涨。

5. 注意事项

利用“蛤蟆跳空”形态猎杀强势股时，需要注意以下两点：

（1）成交量是关键。股价每次到达高点时，成交量都应呈放大状态；每次下跌时，成交量应呈缩量状态。

（2）股价形成“蛤蟆跳空”形态之后，可以将止损位设置在跳空缺口上，股价不跌破这一缺口就可以继续持股。

五、黄金坑

“黄金坑”的形态特征是：股价经过一段时间的横盘整理之后，展开一波下跌走势，随后股价放量反弹突破下跌起始线，如图 6-9 所示。

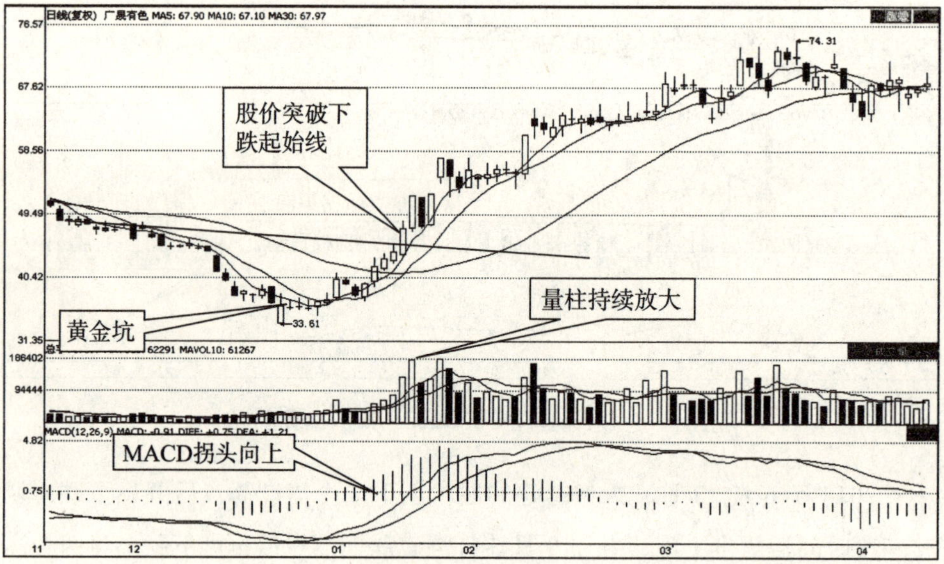

图 6-9　黄金坑

1. K 线形态成立条件

（1）股价走出“黄金坑”前，大盘处于横盘或上涨走势中。

（2）股价上冲“黄金坑”下跌起始位时，大盘延续上涨行情，如果能够大幅上涨更好。

2. 技术形态

（1）股价经过较长时间的横盘整理，成交量出现萎缩态势，各条均线出现黏合状态。

（2）某日股价启动下跌走势，经过连续数日杀跌之后出现筑底迹象。

（3）筑底完成后，股价开始缓慢上涨，成交量同步放大。

（4）股价来到下跌起始线位置时，出现放量突破走势，说明股价走势趋强。

（5）股价自底部上涨时，MACD 指标如果能走出拐头向上或金叉形态，则可增加股价未来上涨的可能性。

3. 最佳买点

当股价放量突破下跌起始线，并且收于起始线之上时，可以考虑买入该股。

4. 实盘案例

如图 6-10 所示，耐威科技的股价在 2016 年 5 月底到 6 月初走出了“黄金坑”形态，说明该股未来走势趋强。

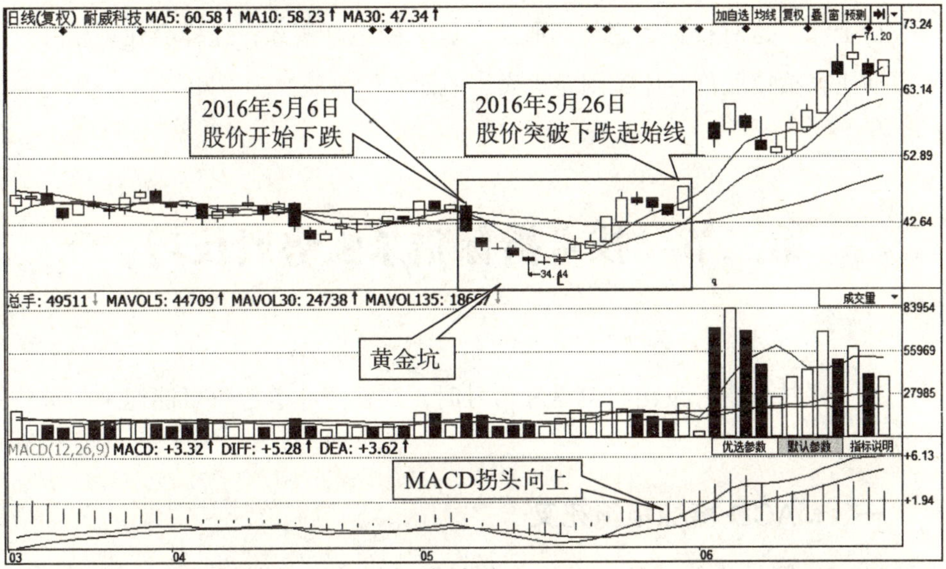

图 6-10 耐威科技（300456）日 K 线走势图

耐威科技的股价经过一段时间的盘整之后，2016 年 5 月 6 日出现了下跌走势。股价经过几个交易日的下跌之后，反转向上。

5 月下旬，该股股价来到下跌起始线附近，但遇到了一定的阻力。5 月 26 日，股价以涨停的方式突破了下跌起始线位置，这标志着“黄金坑”形态最终形成，投资者可于当日买入该股。

观察该股成交量可知：股价下跌过程中，成交量出现了萎缩态势。股价持续上攻时，成交量出现了持续放大态势，说明有资金持续流入该股。观察MACD指标可知：股价发动上攻时，MACD指标出现了拐头向上形态，这也是典型的买入信号。

5. 注意事项

利用“黄金坑”形态猎杀强势股时需注意：

（1）“黄金坑”又被称为“散户坑”，这个坑是由庄家在拉升股价前借助大盘向坏或其他利空因素洗盘造成的。

（2）庄家制造“黄金坑”的目的是让投资者认为股价开始破位下跌，卖出手中的股票。当投资者卖出手中的股票之后，庄家再反手做多，快速推动股价上涨。这时投资者想补回股票，就必须追高买入，这样会在一定程度上帮助庄家抬拉股价，庄家则趁机卖出股票。

第二节　技术指标猎杀强势股技巧

当一些技术指标发出经典看涨信号时，往往意味着股价可能迎来一波规模较大的上涨。

一、MACD指标拒绝死叉

MACD指标拒绝死叉，指股价在上涨过程中出现回调，MACD指标快线出现向下走势，即将完成死叉时，因慢线支撑又再度上涨，如图6-11所示。

1. 技术指标成立条件

（1）股价正处于缓慢上涨行情中，各条均线呈多头发散排列。

（2）股价位于均线上方，表明股价运行态势良好。

2. 技术形态特征

（1）某日股价出现调整，MACD指标快线同步出现拐头向下态势。

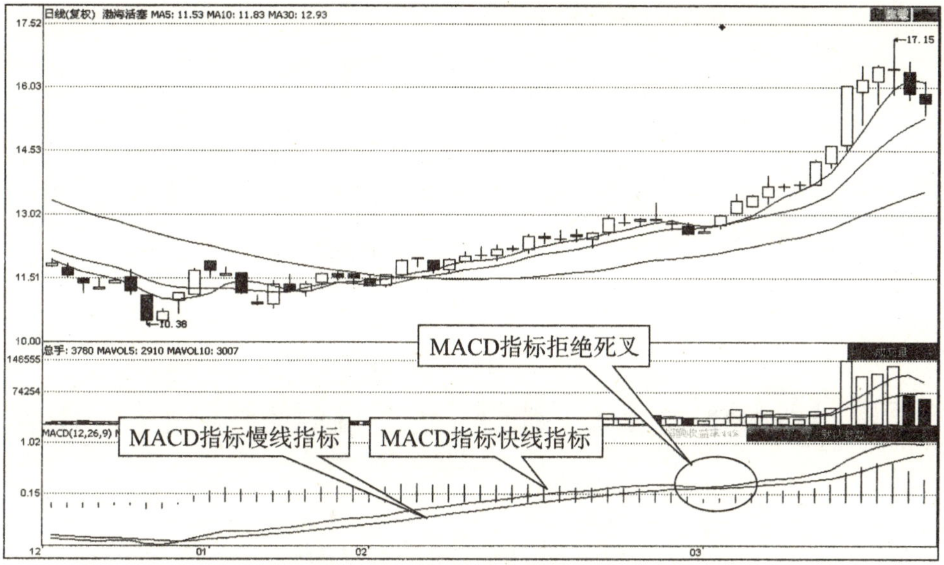

图 6-11　MACD 指标拒绝死叉

（2）当 MACD 指标快线下跌到慢线附近时，并没有跌破慢线，而是被慢线托起，构成拒绝死叉形态。

（3）MACD 指标拒绝死叉时，股价也同步完成调整，开始了上涨行情。

（4）股价回调时成交量缩量，股价重新开始上涨时，成交量开始放大。

3. 最佳买点

MACD 指标快线被慢线托起，且股价重新开始上涨时，是该股的最佳买点。

4. 实盘案例

如图 6-12 所示，2018 年年初，五粮液的日 K 线图上出现了 MACD 指标拒绝死叉形态，预示股价将发动一波上涨行情。

2017 年 12 月 12 日，五粮液的股价在前一交易日上升的基础上小幅回调，且 MACD 指标在 0 轴附近形成了金叉形态，这说明股价将迎来上升行情，投资者可考虑建仓。

其后该股经过一段时间的上涨出现回调走势，此时 MACD 指标快线也

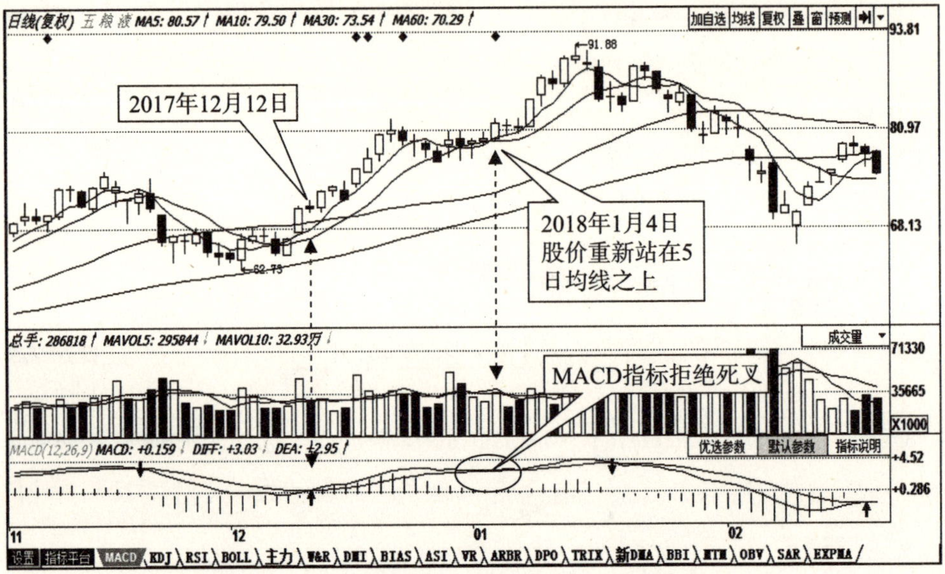

图 6-12　五粮液（000858）日 K 线走势图

同步出现了拐头向下态势。MACD 指标快线下跌到慢线附近时，因受慢线支撑再度上涨，且与慢线形成一定倾斜角度，表明股价将启动上涨。

2018 年 1 月 4 日，五粮液的股价突破了各条均线的压制，成功站在各条均线之上，说明股价已经启动了上涨，投资者宜跟进。

观察此时的成交量可知：当股价上攻时，成交量呈放大状态，说明有资金持续流入，投资者可放心买入。

5. 注意事项

应用“MACD 指标拒绝死叉”猎杀强势股时，应注意以下几点：

（1）当 MACD 指标快线向慢线靠拢时，该股成交量应呈萎缩态势；当 MACD 指标快线重新拐头向上时，成交量应呈放大态势。

（2）“MACD 指标拒绝死叉”要求快线不能跌破慢线。实战中，快线有时偶尔跌破慢线但又迅速回到慢线上方的，仍可看成支撑有效。

二、MACD 指标双金叉

MACD 指标双金叉，指 MACD 指标在短期内连续两次出现金叉。该形态意味着股价将要发动一波快速上涨行情，如图 6-13 所示。（“广汇股份”现为“广汇能源”）

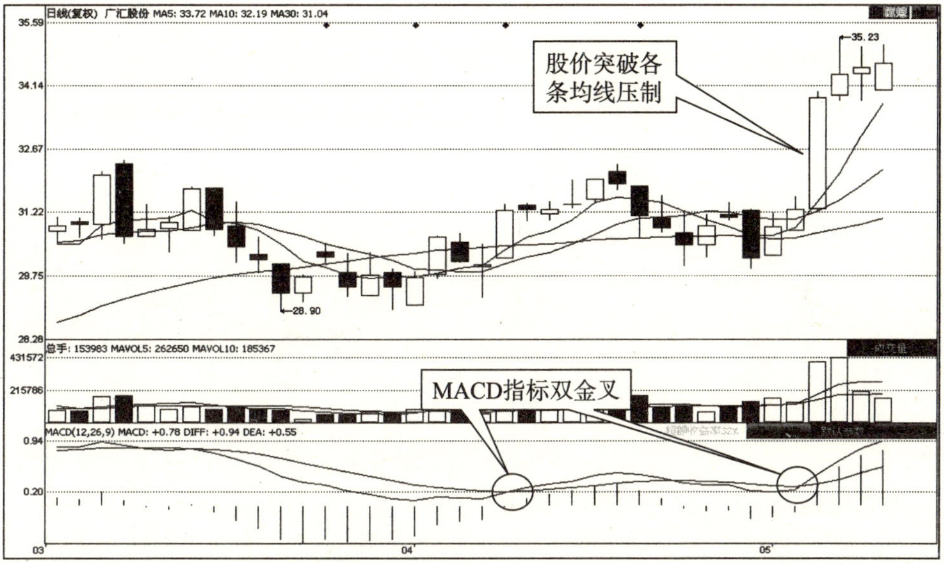

图 6-13　MACD 指标双金叉

1. 技术指标成立条件

（1）股价在底部盘整过程中已经出现了缓步向上的态势，说明股价即将大涨。

（2）股价缓慢上涨过程中，MACD 指标短时间内连续两次出现金叉（其他重要的技术指标连续两次金叉也可以，如 KDJ 指标）。

2. 技术形态特征

（1）股价某一日被突然拉升，且极易出现涨停板。

（2）成交量突然剧烈放大，开盘涨停个股除外。

（3）股价启动前一日或前几日，成交量已经出现了放大态势。

（4）两个金叉的交叉点中，若后一个高于前一个，则可增强买入信号的有效性。

3. 最佳买点

股价放量上涨时，就是一个好买点；股价启动上涨尤其是连续出现涨停后，一旦股价放量下跌，即可卖出。

4. 实盘案例

如图 6-14 所示，2017 年 8 月到 10 月，金牌橱柜的日 K 线图上出现了连续两次金叉形态，预示股价将要发动上涨行情。

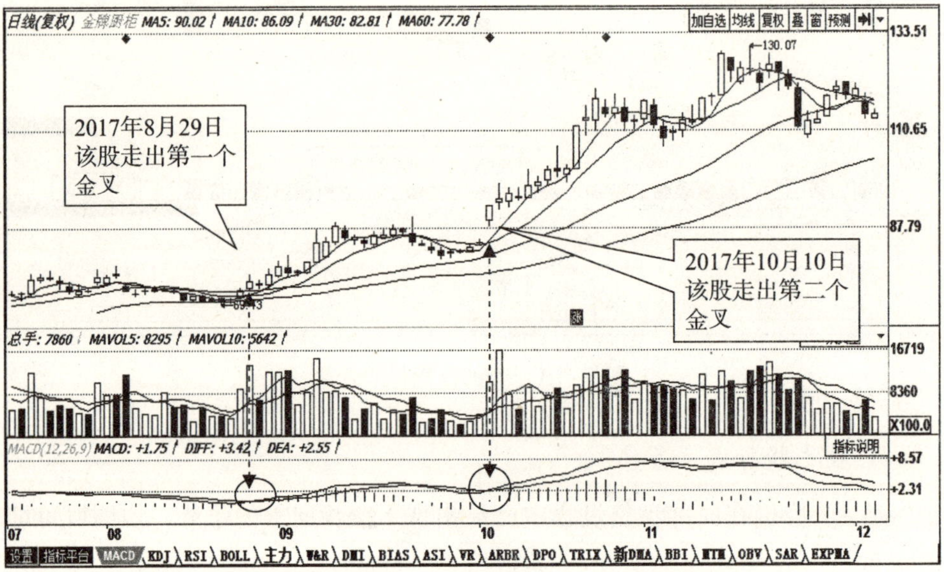

图 6-14　金牌橱柜（603180）日 K 线走势图

金牌橱柜的股价经过一轮短暂的下跌调整后，在 2017 年 8 月底出现了一波反弹走势，MACD 指标同步出现金叉，预示股价有走强的可能。

随后该股经过一波上涨后又重回跌势，MACD 指标出现死叉，投资者此时不可轻易介入该股。2017 年 9 月底，金牌橱柜的股价开始筑底。2017 年 10 月 10 日，金牌橱柜的股价突然大幅拉升，成交量也呈剧烈放大态势。此时 MACD 指标出现底部金叉，且这一金叉距上一次交叉时间较短。

至此，MACD 指标双金叉形态成立，投资者可放心买入该股。

5. 注意事项

应用“MACD 指标双金叉”猎杀强势股时，应注意以下几点：

（1）MACD 指标连续两次出现金叉时，必须保证指标线方向向上。如果指标线方向放平或向下，则不可看作买入信号。

（2）MACD 指标快线与慢线纠缠在一起，反复出现交叉，不能视为指标双金叉。

三、RSI 指标三金叉

RSI 指标三金叉，指在短期内连续三次出现金叉。该形态意味着股价将要发动一波快速上涨行情，如图 6-15 所示。

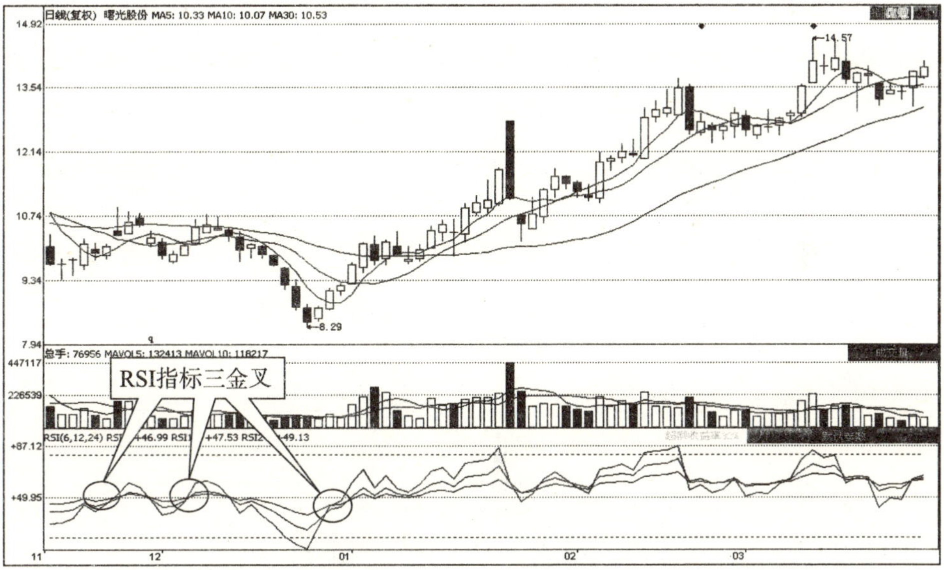

图 6-15　RSI 指标三金叉

1. 技术指标成立条件

（1）股价在底部盘整过程中出现了典型的底部形态，如双底形态、三重底形态、头肩底形态等。

（2）股价缓慢上涨过程中，RSI 指标在短时间内连续三次出现金叉（其他重要的技术指标连续三次金叉也可以，如 KDJ 指标、MACD 指标）。

2. 技术形态特征

（1）股价在某一日突然拉升，往往涨幅巨大。

（2）成交量放大，开盘涨停个股除外。

（3）股价启动前一日或前几日，成交量出现了较为明显的缩量，这也是股价即将启动的前兆。

3. 最佳买点

（1）股价放量上涨时，就是一个好买点。

（2）股价走出底部形态且突破重要阻力位时，也是一个较好的买点。

4. 实盘案例

如图 6-16 所示，2018 年 1 月到 2 月，卫士通的日 K 线图上 RSI 指标连续三次出现了金叉，预示股价将会发动一波上涨行情。

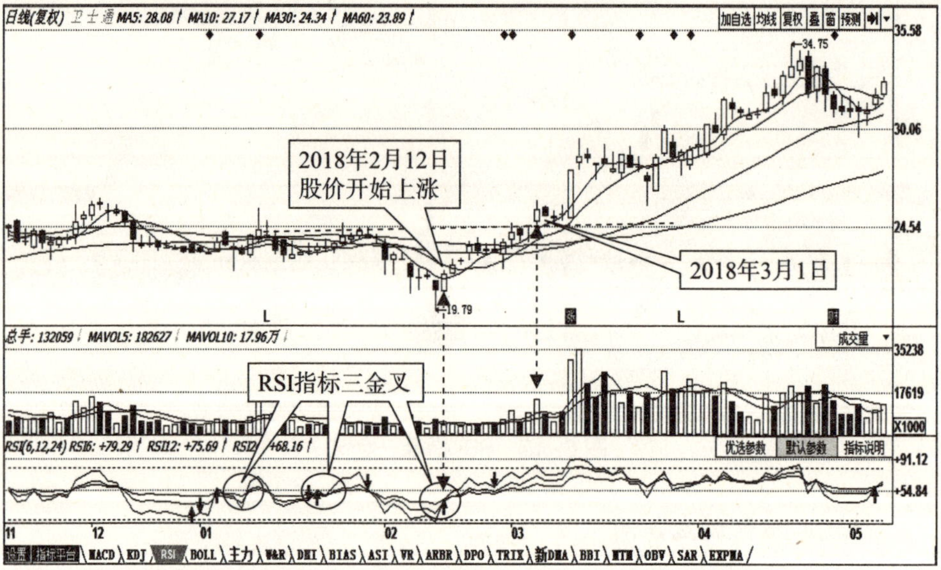

图 6-16　卫士通（002268）日 K 线走势图

卫士通的股价在一段时间的震荡整理中，RSI 指标连续三次出现金叉，预示股价有走强的可能。

观察成交量可知：在股价震荡期间，成交量呈萎缩状态。2018 年 2 月 12 日，该股股价反弹向上，且 RSI 指标出现第三次金叉，这属于典型的买入信号。观察 K 线形态可知：此时极有可能出现 V 形反转形态。保守型投资者可等到股价向上突破 V 形底下跌起始线时入场，激进型投资者可在 RSI 指标第三次出现金叉时执行买入操作，毕竟 RSI 指标连续三次金叉，已经属于比较可靠的买入信号。

2018 年 3 月 1 日，卫士通的股价向上走出了 V 形底区域。股价突破各条均线并成功站稳均线，也预示股价将开始上涨，投资者可放心入场。

5. 注意事项

应用“RSI 指标三金叉”猎杀强势股时，应注意以下几点：

（1）当 RSI 指标走出三金叉时，如果成交量能够同步放大，说明该股未来上涨的可能性较大。

（2）RSI 指标金叉出现得比较频繁，因而信号的准确性较低。使用 RSI 指标三金叉判断股价趋势时，最好能结合其他技术分析方法。

四、四金叉共振

四金叉共振，是指股价经过一波下跌之后出现反弹迹象，如果均线、均量线、RSI 指标（或 KDJ 指标）、MACD 指标同步出现金叉，则预示着股价将大幅上涨，如图 6-17 所示。

1. 技术指标成立条件

（1）股价经过一波下跌或盘整之后，出现明显反弹迹象。

（2）大盘走势出现企稳或上涨态势。

2. 技术形态特征

（1）股价反弹过程中，5 日均线自下而上突破 10 日均线形成金叉。

（2）5 日均量线上穿 10 日均量线形成金叉。

（3）RSI 指标（或 KDJ 指标）出现金叉。

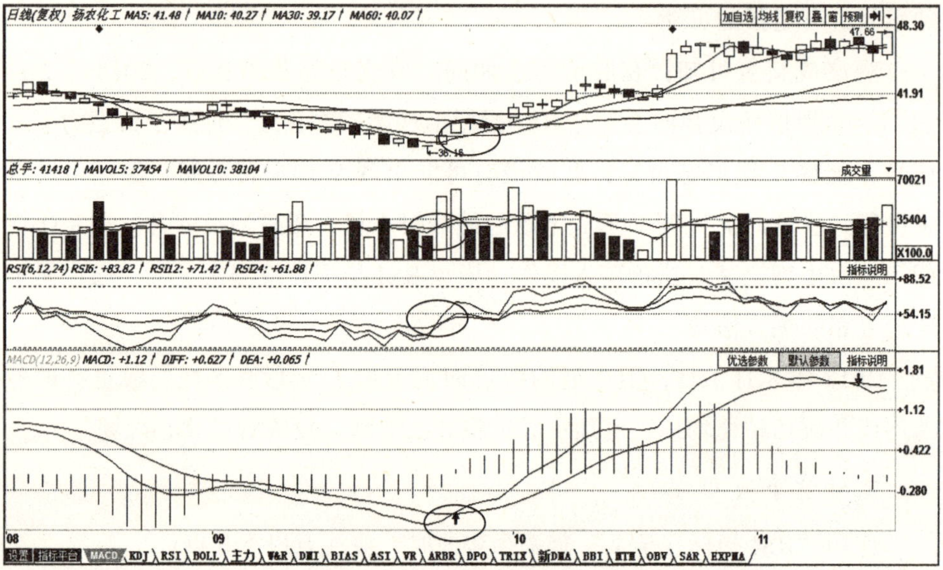

图 6-17　四金叉共振

（4）MACD 指标形成底部金叉。

3. 最佳买点

均线、均量线、RSI 指标（或 KDJ 指标）、MACD 指标同步出现金叉，且股价开始上涨时，是一个较好的买点。

4. 实盘案例

如图 6-18 所示，嘉寓股份的股价在 2017 年上半年出现震荡上涨行情，该股日 K 线图上出现四金叉共振形态。

2017 年 2 月底到 3 月初，该股出现了短暂的回调，MACD 指标和 RSI 指标同步出现死叉。2017 年 3 月 15 日，该股 K 线以大阳线报收，且同步向上穿越了 5 日均线、10 日均线、20 日均线等多条均线，给人一种股价运行趋势即将转向的感觉。

与此同时，该股 RSI 指标率先触底反弹并形成低位金叉。此交叉点位于 50 线下方，说明该交叉点的含金量较高，投资者宜密切关注该股随后的走势。MACD 指标也在该日出现金叉，且此交叉点位于 0 轴上方附近，同样含金量十足。

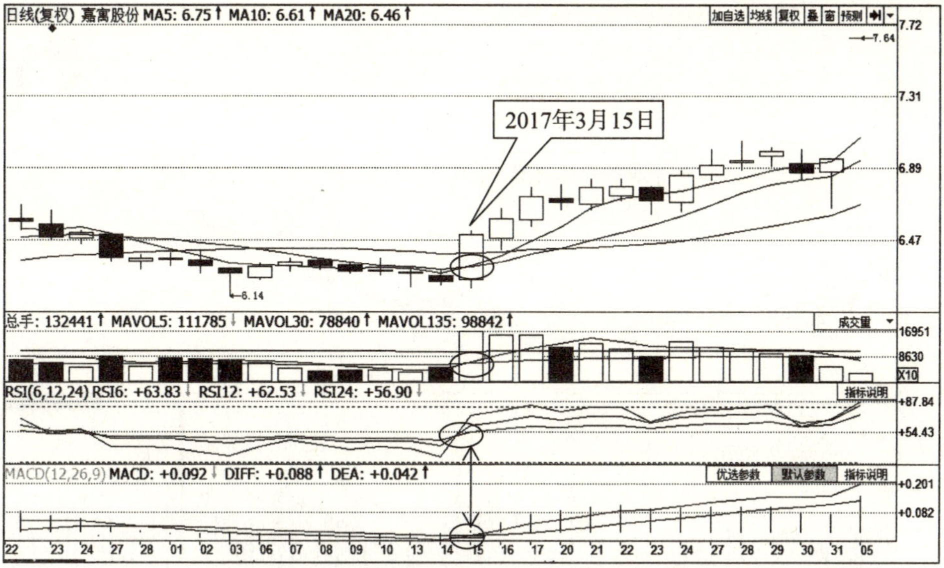

图 6-18　嘉寓股份（300117）日 K 线走势图

观察此时的均量线和均线可知：5 日均量线向上穿越 10 日均量线形成金叉，5 日均线同步向上穿越 10 日均线形成金叉。至此，RSI 金叉、MACD 金叉、均量线金叉、均线金叉同步共振。此时股价已经顺利突破 20 日均线，说明股价短期内会有一波快速上涨行情。

5. 注意事项

应用“四金叉共振”猎杀强势股时，应注意以下几点：

（1）出现“四金叉共振”时，RSI 指标的金叉往往先于其他指标出现，因为该指标比较灵敏。当 RSI 指标出现金叉时，投资者只需保持关注即可。

（2）“四金叉共振”的情况并不多见，正因如此，四金叉出现后，股价上涨的概率非常大。

五、沿 BOLL 指标喇叭口上轨运行

股价自底部缓慢上涨，连续突破 BOLL 指标中轨线和上轨线后，一直沿上轨线运行，说明股价呈强势，如图 6-19 所示。

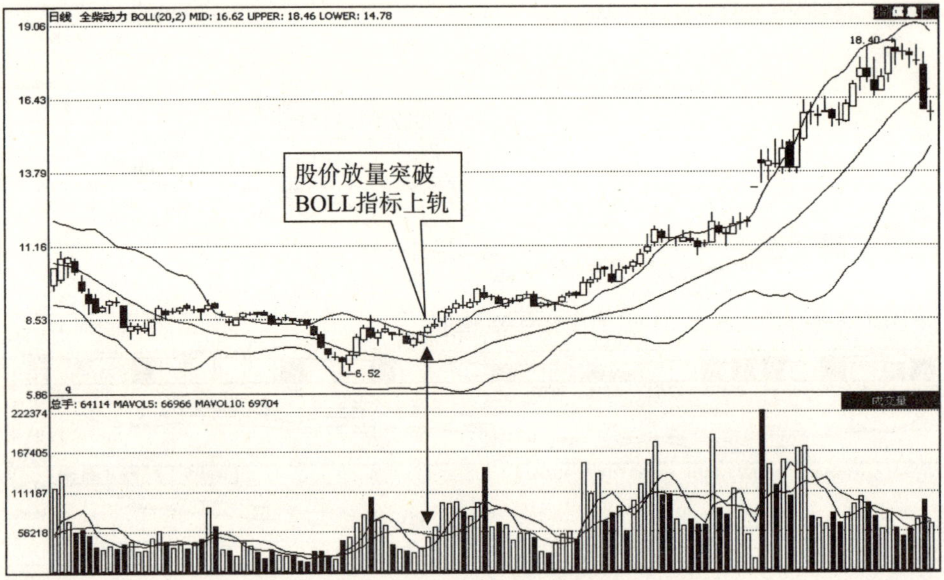

图 6-19 股价沿 BOLL 指标喇叭口上轨运行

1. 技术指标成立条件

（1）股价经过一段时间的下跌之后，出现缓慢上涨趋势，且股价已经突破了 BOLL 指标中轨线。

（2）BOLL 指标由向下倾斜变为向上倾斜。

（3）成交量随着股价的上涨而放大，随着股价的下跌而萎缩。

2. 技术形态特征

（1）某日股价放量突破 BOLL 指标上轨线，且股价回调不破上轨线。

（2）BOLL 指标倾斜角度加大。

（3）股价持续上涨时，成交量持续放大；股价出现回调时，成交量萎缩。

3. 最佳买点

股价放量突破 BOLL 指标上轨线时，是该股第一个买点；股价跌破 BOLL 指标中轨线时，是一个较佳的卖点。

4. 实盘案例

如图 6-20 所示，2015 年 6 月 1 日，广州发展的股价放量突破 BOLL 指标上轨线，预示股价将加速上涨。

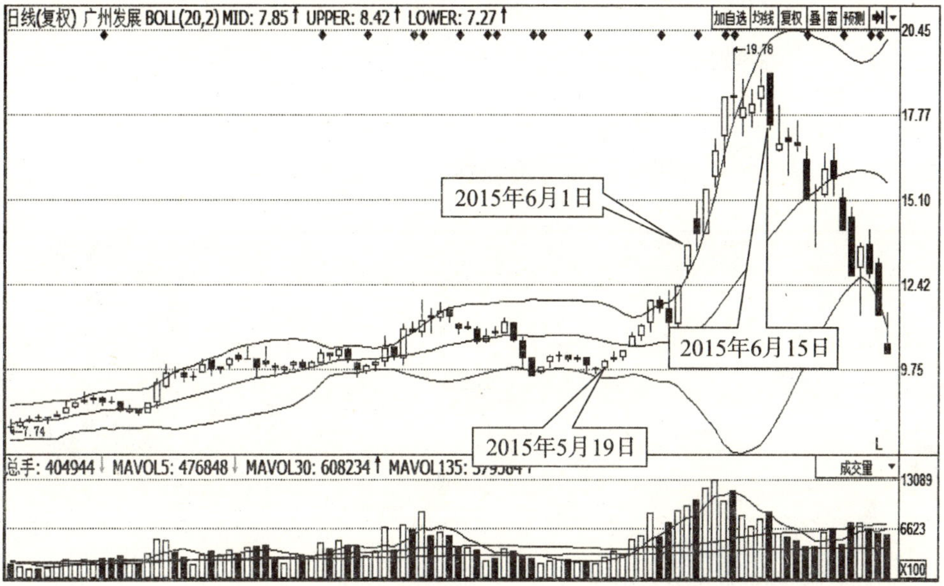

图 6-20 广州发展（600098）日 K 线走势图

广州发展的股价自 2015 年 5 月 19 日触及 BOLL 指标下轨线后反弹向上，成交量随之出现放大态势，BOLL 指标喇叭口放大，说明该股股价结束下跌，开始反弹向上。此后，广州发展的股价经过一段时间的上升后连续突破了中轨线和上轨线。

2015 年 6 月 1 日，该股股价在 BOLL 指标上轨线运行，说明股价有加速上行的可能，投资者可考虑追涨买入。

2015 年 6 月 15 日，该股股价连续多日跌破 BOLL 指标上轨线，说明股价有结束上升的可能，投资者宜执行减仓或清仓操作。

5. 注意事项

应用“沿 BOLL 指标喇叭口上轨运行”猎杀强势股时，应注意以下几点：

（1）股价放量向上突破 BOLL 指标上轨线时，如果 MACD 指标、KDJ 指标同步发出买入信号，则可增加股价未来上涨的可能性。

（2）股价突破 BOLL 指标上轨线后，如果股价一直沿着 BOLL 指标上轨线运行，说明股价运行呈强势，投资者可放心持有。

六、“老鸭头”形态

“老鸭头”形态是在运用移动平均线分析股价走势时出现的经典形态，如图 6-21 所示。“老鸭头”形态是强烈的买入信号。

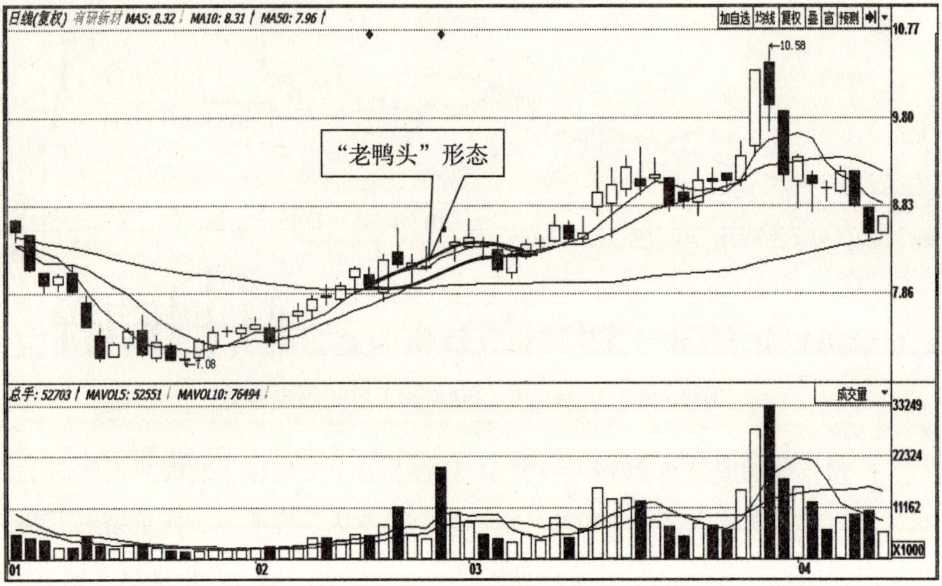

图 6-21 “老鸭头”形态

1. 技术指标成立条件

（1）股价运行于均线上方，且均线向右上方倾斜。

（2）大盘处于横向震荡或上升趋势中。

2. 技术形态特征

（1）5 日均线和 10 日均线相继上穿 50 日均线。

（2）5 日均线和 10 日均线上穿 50 日均线后，5 日均线出现阶段性高点。

（3）在5日均线达到高点后，5日均线下跌到10日均线处再次被托起，没有跌破10日均线。此时三条均线呈多头排列。

3. 最佳买点

当一只股票的均线出现“老鸭头”形态时，往往意味着后市有一段上涨行情，投资者可短线买入该股。

4. 实盘案例

下面是沧州大化的日K线走势，如图6-22所示。

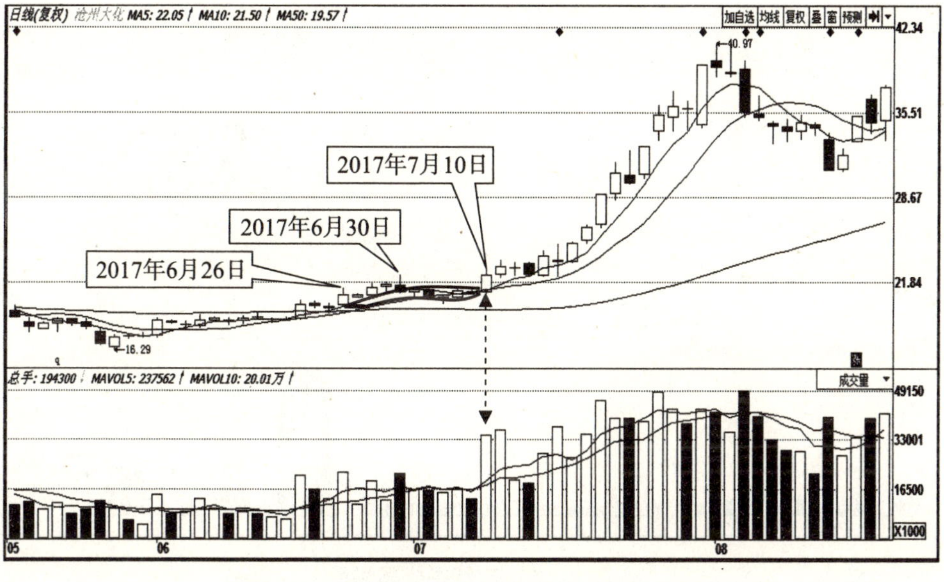

图6-22　沧州大化（600230）日K线走势图

2017年6月26日，沧州大化股价放量上涨，5日均线、10日均线连续上穿50日均线。

2017年6月30日，股价上涨到相对高点后开始下跌，随即5日均线、10日均线相继掉头向下。5日均线跌到10日均线附近时，受到10日均线的支撑后重新开始上涨，“老鸭头”形态成立。

2017年7月10日，沧州大化的股价放量大涨，K线重新站到各条均线之上，且5日均线重新拐头向上。基于以上分析，投资者可考虑在此时短线买入。

七、三线黏合再爆发

三线黏合，是均线黏合形态中一种非常典型的形态，常用的是 5 日均线、10 日均线和 30 日均线。其波动范围一般在 2% 以内，最多不超过 5%。均线黏合说明股价开始盘整，一旦均线结束黏合，股价向上呈现放量突破形态，则意味着股价将迎来一波上升行情，如图 6-23 所示。

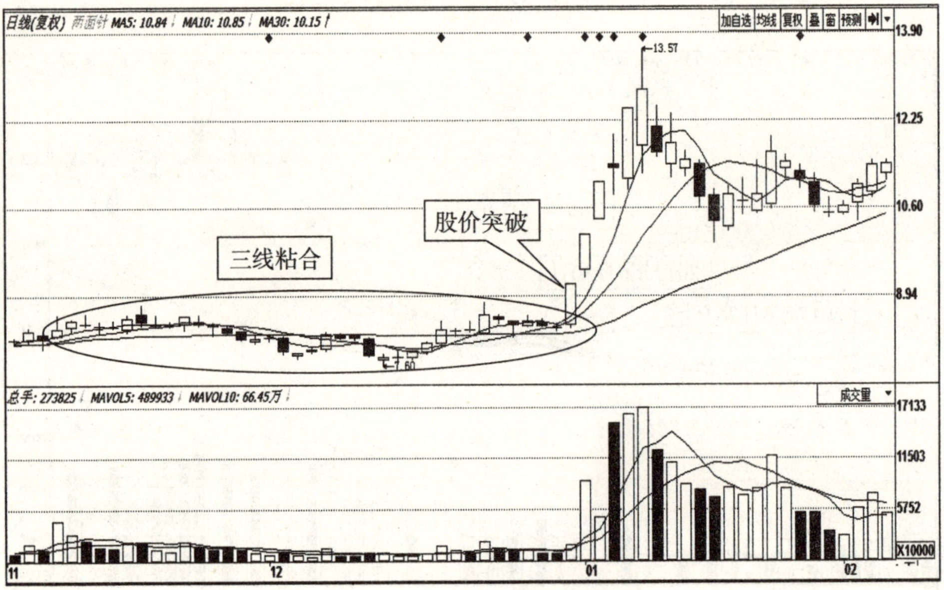

图 6-23　三线黏合再爆发

1. 技术指标成立条件

（1）股价横向盘整，均线黏合在一起超过两周时间。

（2）股价横向震荡过程中，大盘指数同步横向震荡或上升。

（3）股价向上突破，均线结束黏合时，大盘呈现上升状态。

2. 技术形态特征

（1）5 日均线、10 日均线和 30 日均线黏合在一处时，成交量同步萎缩。

（2）均线结束黏合后，出现拐头向上形态，且均线呈多头排列，这往往意味着股价将出现一段上涨行情，投资者宜买入股票。

（3）均线黏合结束时，如果均线方向向上，有成交量放大相配合，那么后期上涨的可能性较大；如果均线方向向下，成交量也同步放大，那么后期下跌的可能性较大。

3. 最佳买点

股价 K 线放量上攻，且各条均线开始呈现多头排列时，就是该股的最佳入场时机。

4. 实盘案例

下面是浙江医药的日 K 线走势，如图 6-24 所示。

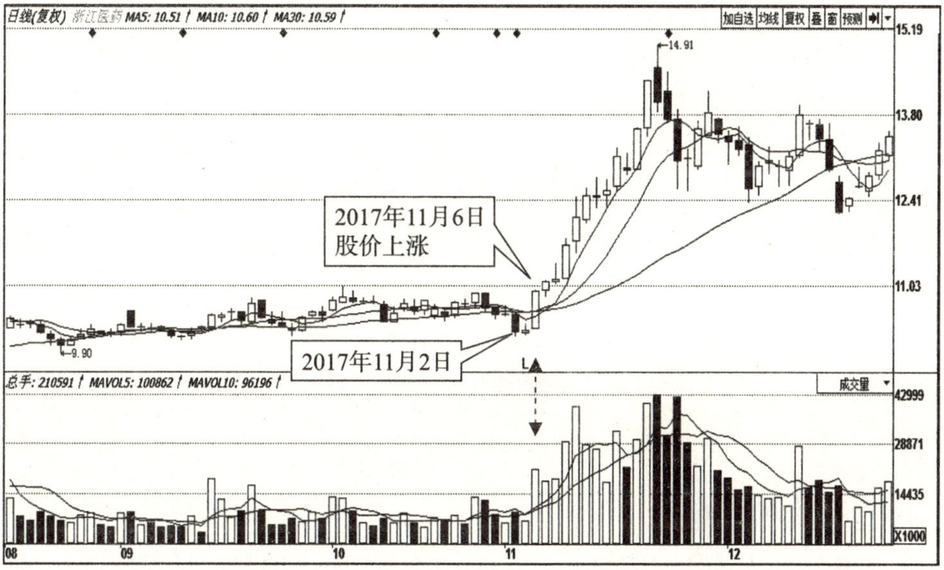

图 6-24　浙江医药（600216）日 K 线走势图

浙江医药的股价自 2017 年 8 月底开始了一段整理行情，5 日均线、10 日均线和 30 日均线呈黏合状态，成交量也同步出现了萎缩态势，说明主力正在选择突破的方向，投资者不宜轻易入场。

2017 年 11 月 2 日该股股价下跌，给人一种股价将向下突破的感觉。此时，投资者应继续观望。

2017 年 11 月 6 日，该股股价并未延续前一交易日的下跌走势，而是反向上攻，均线由黏合变成发散，且均线呈多头排列。与此同时，成交量呈放大态势，说明该股开始进入上升通道，投资者宜买入。

5. 注意事项

应用“三线黏合再爆发”猎杀强势股时，应注意以下几点：

（1）注意观察成交量的变化。三条均线黏合在一起时，如果成交量萎缩，说明投资者缺乏交易意愿。当成交量萎缩到极点时，往往就是股价即将启动突破的时机。

（2）通常情况下，在三线黏合的末端，主力有时会故意向下打压一下股价，使意志不坚定者出局，然后再向上拉升。

第三节　量价关系猎杀强势股技巧

量在价先，成交量与股价走势密不可分。本节将通过成交量变化与股价走势的关系，帮助读者预测未来股价的走势情况，从中寻找可能出现的强势股。

一、极度缩量

股价经过长时间盘整之后，某一日成交量突然萎缩到极点，说明股价即将快速上涨，如图 6-25 所示。

1. 技术指标成立条件

（1）股价横盘一段时间后，出现缓步上涨态势，说明该股正在选择方向，未来上涨的可能性较大。

（2）股价盘整过程中，成交量维持在较低水平，极少出现异动。

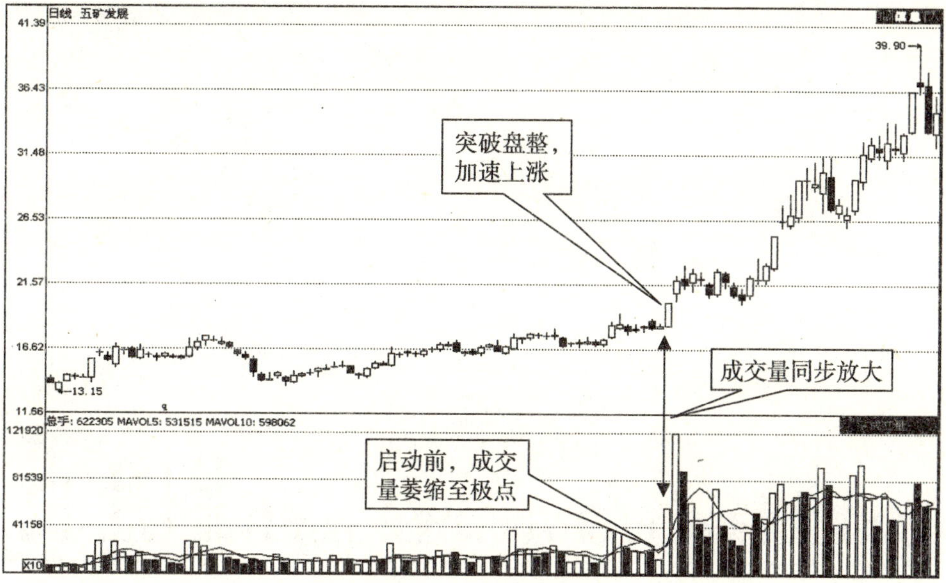

图 6-25 极度缩量

2. 技术形态特征

（1）股价某一日突然拉升，且极易出现涨停板。

（2）成交量在股价启动前萎缩至极点，说明股价即将上涨。

（3）成交量突然剧烈放大，开盘涨停个股除外。

3. 最佳买点

股价缩量到极点之后，突然出现放量态势，且股价同步出现上涨时，是一个极好的买点。

4. 实盘案例

如图 6-26 所示，2018 年 2 月，卫士通股价经过一段时间的盘整，成交量走出了极度缩量形态，预示股价即将发动反攻。

卫士通的股价从 2018 年年初出现了震荡下跌走势，成交量也随之不断萎缩，投资者此时需对该股保持关注。

2018 年 2 月 8 日，卫士通的股价萎缩至极点，随后开始缓慢放大，此时股价也逐步走出低谷，说明股价已经启动上涨行情，投资者可以考虑跟进。

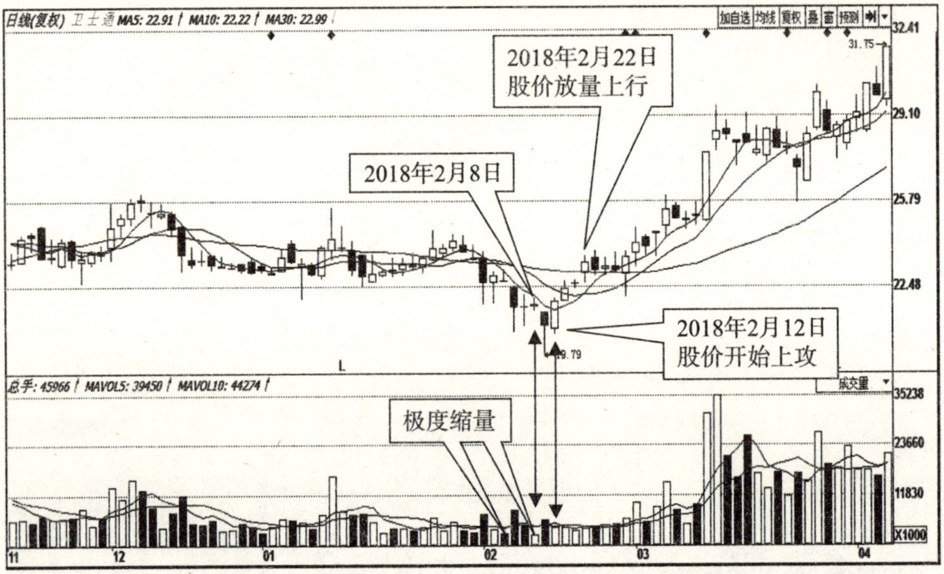

图 6-26　卫士通（002268）日 K 线走势图

2018 年 2 月 12 日，卫士通的股价向上突破 5 日均线，一举扭转了股价连续下跌的态势。此时激进型投资者可考虑建仓，保守型投资者可等到 2 月 22 日股价向上突破各条均线时，再入场买入股票。

5. 注意事项

应用“极度缩量”猎杀强势股时，应注意以下几点：

（1）辨别成交量大小是关键。成交量没有最低，只有更低。所谓的极度缩量，是通过与其他交易日的成交量对比得出的。

（2）成交量从极度缩量到再次放大时，如果其他技术指标也能发出买入信号，则可增加股价上涨的可能性。

二、量价开弓

股价与成交量自某一点位缓步下跌，到达底部区域后，经过一段时间的盘整逐步走高，形成弓形，意味着股价即将启动，如图 6-27 所示。

1. 技术指标成立条件

（1）股价经过一段时间的上涨或横盘之后，出现缓步下跌走势，并在

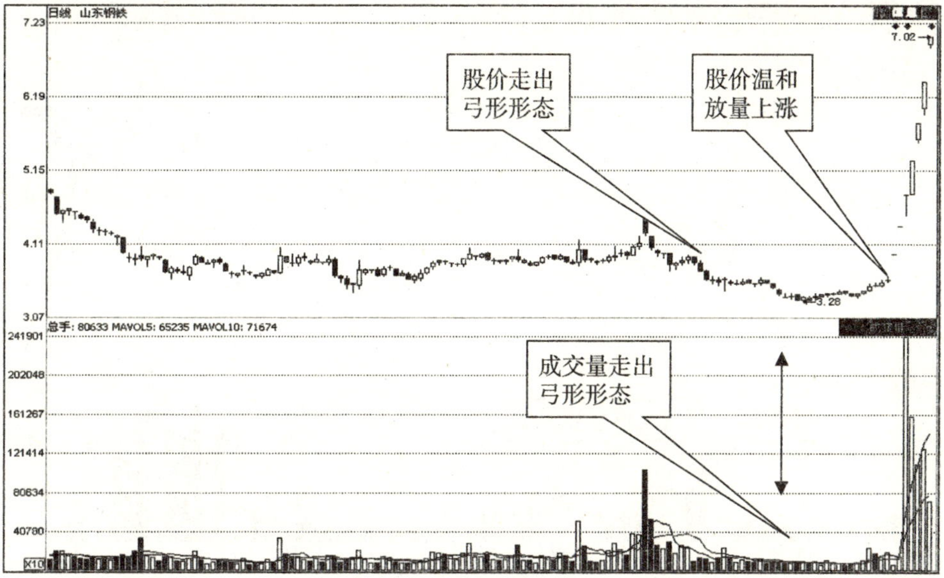

图 6-27 量价开弓

某一低点处反转向上，且上涨依旧很缓慢。

（2）成交量与股价走势同步，先是逐步萎缩，后来逐渐攀升，说明多空力量对比已经悄然逆转。

2. 技术形态特征

（1）股价在某一日突然拉升，且极易出现涨停板。

（2）成交量突然剧烈放大，开盘涨停个股除外。

（3）股价启动时，往往会借助某些利好消息或者大盘行情向好。

3. 最佳买点

股价由缓步缩量下跌转为缓步放量上涨时，就是一个好的买点；股价上涨突破弓形左侧开始下跌的区域时，也是一个好的买点。

4. 实盘案例

如图 6-28 所示，2017 年 8 月到 9 月，西藏城投的日 K 线图上出现了“量价开弓”形态，预示股价将大幅上涨。

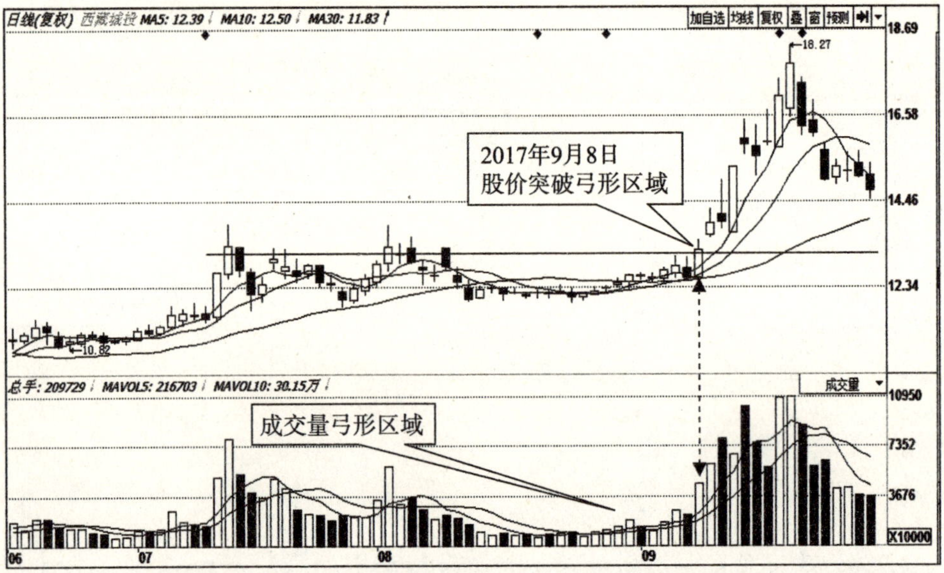

图 6-28　西藏城投（600773）日 K 线走势图

西藏城投的股价从 2017 年 7 月开始出现了一波震荡回调走势，随后，开始筑底。股价在底部盘整过程中，成交量萎缩至较低水平。

2017 年 9 月初，西藏城投的股价开始反弹，成交量也同步出现了放大态势。9 月 8 日，股价突破下跌起始线位置，而成交量也同步创下了新高，这时，“量价开弓”形态正式形成，预示着股价随后将展开一波规模较大的上涨行情。

观察此时的均线可知，该股的各条均线呈多头发散排列。此后，该股出现了一波快速上升行情。投资者可在股价突破下跌起始线的当日或次日买入该股。

5. 注意事项

应用“量价开弓”猎杀强势股时，应注意以下几点：

（1）量价走势中形成的弓形区域，往往都是庄家为了洗盘刻意制造出来的，目的是促使散户放弃手中的筹码，投资者对此应有清醒的认识。

（2）当股价走出弓形区域时，KDJ 指标、RSI 指标一般也会同步发出买入信号。

三、日出红海

股价在底部盘整期间，成交量量柱多为红色，说明资金流入明显。当股价脱离底部区域时，往往会有一波规模较大的上涨行情，如图 6-29 所示。

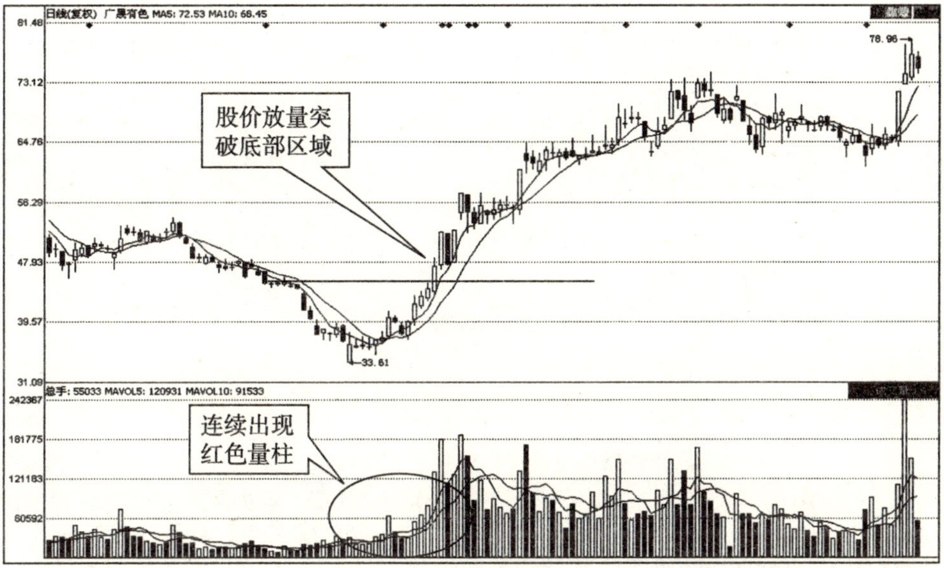

图 6-29　日出红海

1. 技术指标成立条件

（1）股价经过一波下跌或盘整之后，出现明显筑底迹象，并走出典型的底部形态。

（2）成交量量柱多为红色。

2. 技术形态特征

（1）某一日股价放量突破底部区域。

（2）股价突破底部区域时，各条均线呈多头发散排列。

（3）成交量已经持续放大数日，且大多呈红色，说明有资金持续流入。

3. 最佳买点

股价放量突破底部区域时，成交量量柱为红色时，是一个较好的买点。

4. 实盘案例

如图 6-30 所示，2018 年 2 月到 3 月，国投中鲁的日 K 线图上出现了“日出红海”形态，预示股价将大幅上涨。

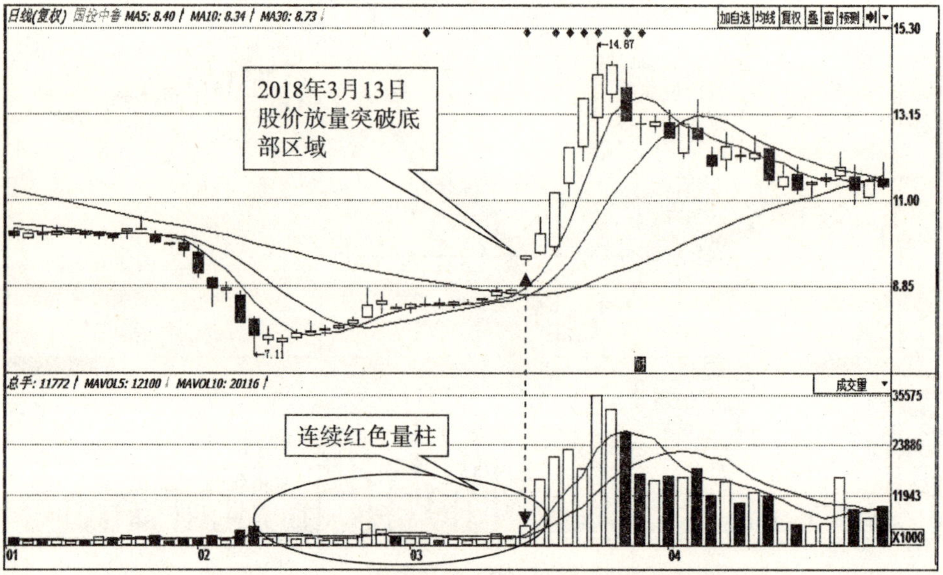

图 6-30　国投中鲁（600962）日 K 线走势图

国投中鲁的股价从 2018 年 1 月初开始了一波下跌走势，随后开始筑底。股价在底部盘整过程中，成交量萎缩至较低水平。

2018 年 2 月初，国投中鲁的股价开始反弹，成交量也同步出现了放大态势。3 月 13 日，股价突破多条均线，成交量也同步创下新高，这时国投中鲁的成交量量柱已经连续数日出现红柱，说明有资金持续流入，该股未来涨势可期。投资者可在股价放量突破多条均线时执行买入操作。

5. 注意事项

应用“日出红海”猎杀强势股时，应注意以下几点：

（1）成交量量柱连续为红色，是资金对该股走势的认可。一旦股价脱离底部区域，就是股价上涨的开始。

（2）当股价走出底部区域时，KDJ 指标、RSI 指标如果能同步发出买入信号，则可增加股价未来上涨的可能性。

四、缩量洗盘再启动

在上涨走势中，经常会出现小阴线，之后的一个交易日，股价会放量上涨，这种缩量小阴线是明显的洗盘信号，如图 6-31 所示。

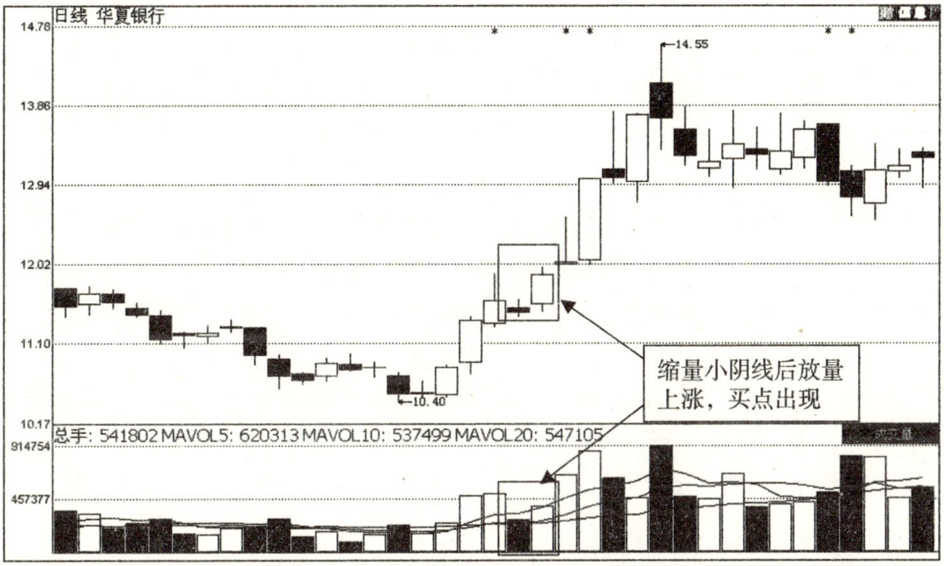

图 6-31 缩量洗盘再启动

1. 技术指标成立条件

（1）股价处于上涨行情中，且上涨幅度不是很大。

（2）大盘同样处于上涨行情中。

2. 技术形态特征

（1）处于上涨行情中的股价，突然出现了一根或几根缩量阴线。

（2）如果最后一根阳线将前面的一根甚至几根阴线实体全部覆盖掉，那么看涨信号可靠性更高。

（3）若是连续收出小阴线，形成第一根阴线时成交量可以略微放大，但之后的成交量必须保持缩量状态。

3. 最佳买点

出现缩量阴线后，股价重新放量上涨时是该股的最佳买点；股价放量下跌时，是该股的卖点。

4. 实盘案例

如图 6-32 所示，2014 年 7 月底，北大荒的股价在上涨过程中出现了缩量小阴线后放量上涨形态，预示股价还将进一步上涨。

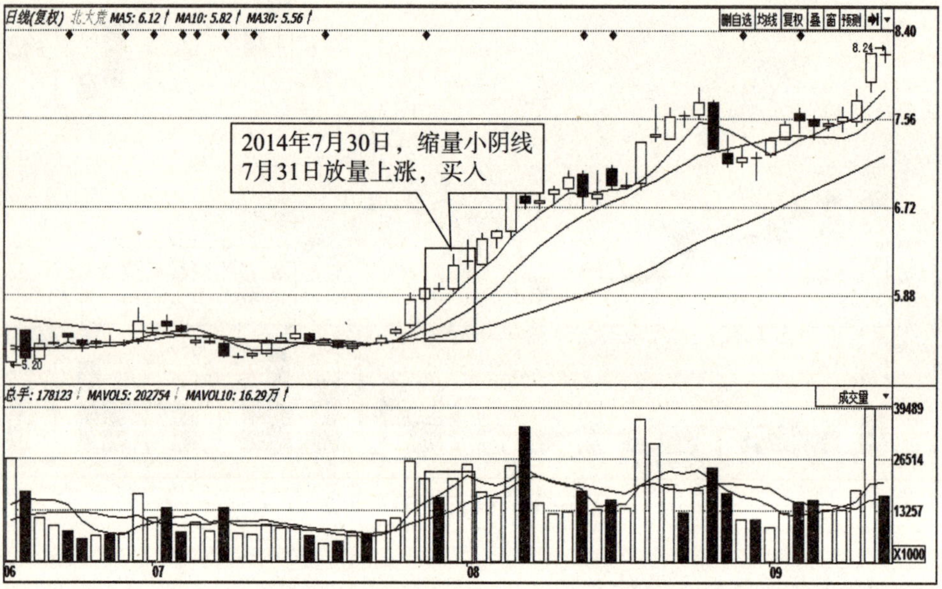

图 6-32　北大荒（600598）日 K 线走势图

从走势图上可以看出，北大荒经过几天的连续上涨之后，于 2014 年 7 月 30 日出现回调，当天收出小阴十字线，且成交量较前一日有所萎缩，这一小阴线是部分短线投资者获利回吐造成的。

2014 年 7 月 31 日，该股低开高走，收出大阳线，成交量相较于 7 月 30 日明显放大，表示多方已经开始聚集力量再次上攻。看到这种情形，投资者可以在当天或次日适量买入。

5. 注意事项

应用“缩量洗盘再启动”技巧时，应注意以下几点：

（1）缩量收阴的前一天和后一天，K 线图上出现的都是实体较大的阳线。

（2）如果中间的小阴线数量为一根，则有可能形成“多方炮”形态；如果中间的小阴线数量为三根，则可能形成“上升三法”形态。这两种 K 线组合都是看涨信号。

五、价量双包

价量双包，指股价 K 线走出包容线的同时，成交量量柱也走出包容线，如图 6-33 所示。

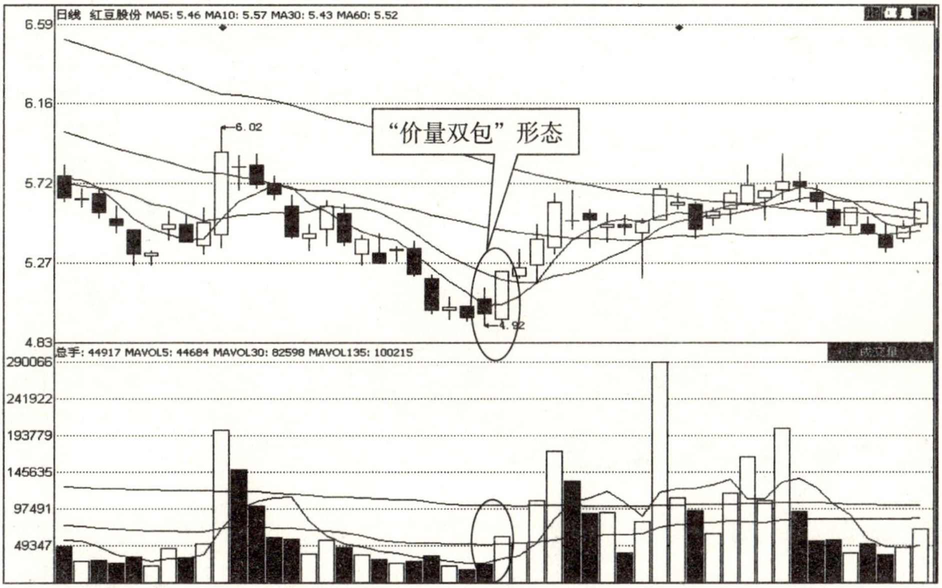

图 6-33 价量双包

1. 技术指标成立条件

（1）股价经历了一波下跌走势后，有明显的筑底迹象或已经出现了反弹走势。

（2）大盘处于盘整或上涨行情中。

2. 技术形态特征

（1）股价下跌一段时间后到达阶段性底部，当股价不再继续下跌时，如果能够出现“价量双包”形态，则是强烈的上涨启动信号。

（2）成交量持续放大。

（3）形成“价量双包”形态的次日，再次出现高开高走走势。

（4）“价量双包”形态的次日，K线如果能够顺利突破某一重要阻力位，则可增加该股上涨的概率。

3. 最佳买点

“价量双包”形态次日，股价大幅上涨时，是该股的最佳买点；股价放量跌破“价量双包”阳线开盘价时，是该股的卖点。

4. 实盘案例

如图6-34所示，2015年10月，北部湾港的股价走出了“价量双包”形

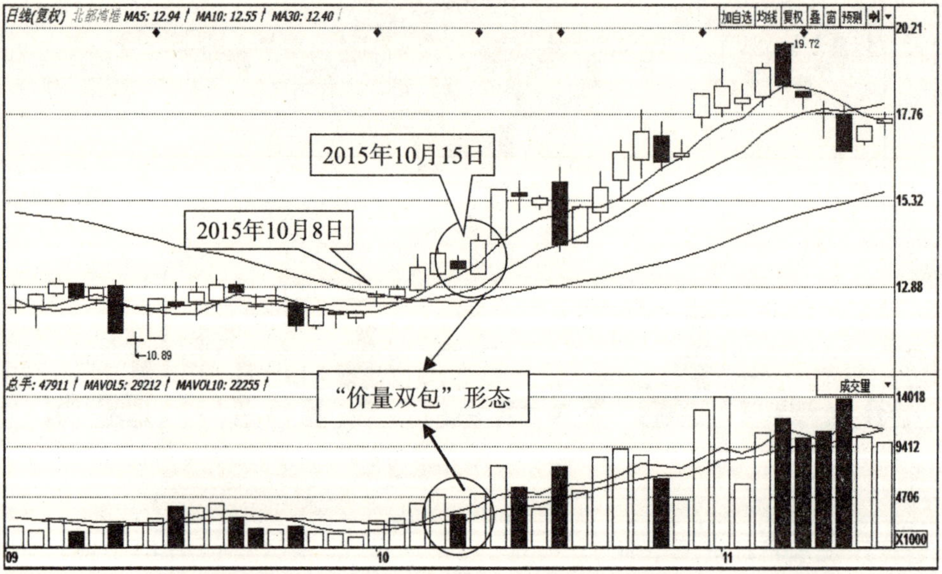

图6-34 北部湾港（000582）日K线走势图

态，预示着股价将有一波上涨行情。

北部湾港的股价从 2015 年 10 月 8 日开始结束盘整，启动上升走势。10 月 14 日，该股股价经过之前连续上攻后出现疲态，并以缩量小阴线报收。10 月 15 日，该股股价低开高走，收出一根放量中阳线，并且阳线实体大大超过了阴线。与此同时，阳线对应的成交量也远远大于 14 日。至此，“价量双包”形态正式形成，预示着该股可能要发动一波上涨行情。投资者可在股价突破 10 月 13 日阳线最高点时执行买入操作。

5. 注意事项

应用“价量双包”猎杀强势股时，应注意以下几点：

（1）本技巧所指的“价量双包”，是指后一根阳线完全包住了前一根阴线的情形。其他情况的双包形态，不在我们讨论的范围之内。

（2）出现“价量双包”形态后，如果股价继续上涨，且不再回调到阳线实体内部，则可认定形态成立，投资者可于此时买入该股。

第七章

强势股交易策略与方法

要想在强势股中获利，如何选出强势股至关重要，通常可以通过对比法、涨幅榜、热门概念来选出强势股，但是经济规律带来的板块轮动和资金安全也是每一位投资者应该注意的。

第一节 强势股选股策略

强势股的选股策略不同于成长股，选择强势股就是要寻找短线上升潜力大的股票。

一、对比法寻找强势股

对比法，即通过几只股票的走势对比来选择其中走势较强的股票。投资者若无法从几只目标股中选出强势股，可以采用最直接的对比法来寻找强势股。当一只股票之前的走势已经表现出明显强势时，那么其后继续强势的概率会非常大，投资者可通过几只目标股走势对比，观察到底哪只股票的走势更强。

例如，2014 年下半年股市显露启动迹象时，想要在港口板块的锦州港和天津港中选择一只买入，则可先打开锦州港的日 K 线图，如图 7-1 所示。

由图 7-1 可以看出，锦州港的股价从 2014 年 7 月 4 日到 11 月 11 日经历了一波震荡上升走势。要想对比该股和天津港的走势强弱，可利用炒股软件（如同花顺）中的【叠加品种】功能，在锦州港的 K 线图中叠加天津港的股价走势，系统会自动给出两只股票的叠加走势，如图 7-2 所示。

从图 7-2 可以看出，锦州港与天津港在 2014 年 7 月到 9 月的走势基本保持一致，说明两只股票强弱相当。不过，从 9 月 22 日开始，天津港逐步走强，锦州港则维持低位徘徊状态，这说明天津港已进入快速上升通道。投资者若想从两者中选择一只作为目标股，那么天津港就是理想标的。

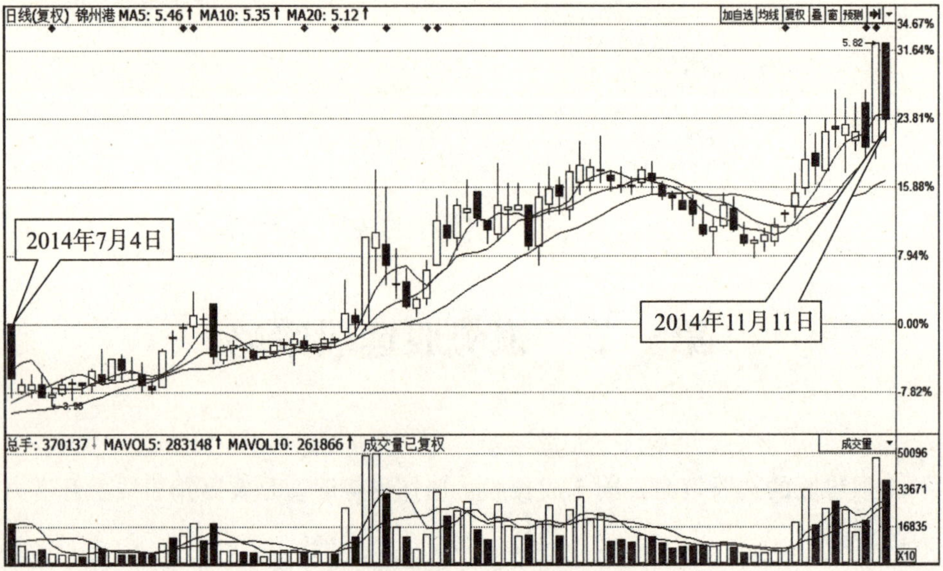

图 7–1 锦州港（600190）日 K 线走势图

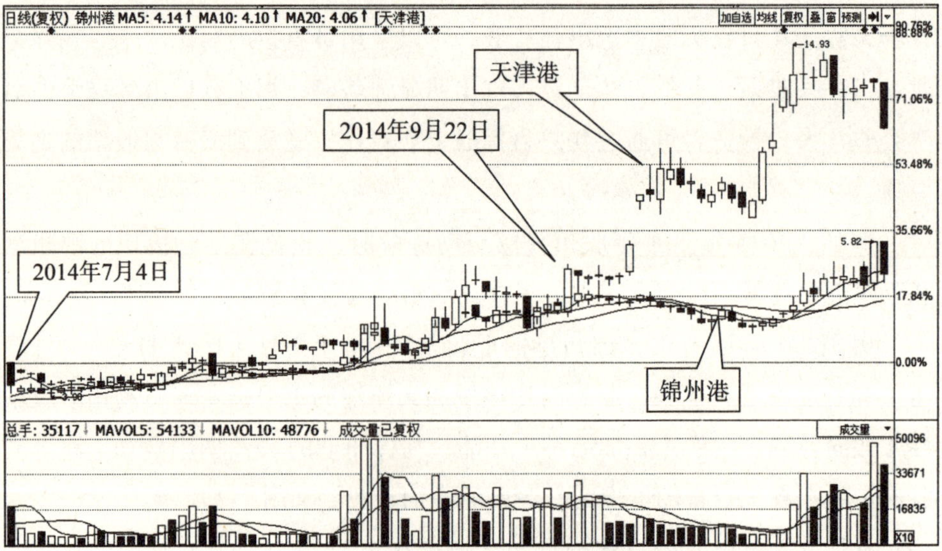

图 7–2 两股叠加日 K 线走势图

当然，投资者也可以将大盘指数作为一个参考标的，亦可在同一 K 线图中叠加多只股票进行对比。

二、涨幅榜寻找强势股

优中择优，即从表现最优秀的板块中寻找超短线强势股。通常情况下，当某一热点出现或即将出现时，该板块或相关板块就会出现全线上涨的情况。具体表现为：某日开盘后半个小时内，同一板块多只股票封上涨停板或正在冲击涨停板。此时，投资者可以认定该板块为当日的热点板块，并从中迅速选出一只强势股。

具体操作方法如下：

第一，开盘 15 分钟后，搜索涨幅榜，密切跟踪个股情况。比如，点击同花顺炒股软件中的菜单栏【报价】|【涨幅排名】|【沪深 A 股涨幅排名】，如图 7-3 所示。

涨幅排名 | 资金流向 | 主力增仓 | 财务数据

	代码	名称	涨幅%↓	现价	涨跌	涨速%	主力净量	总手	换手%	金叉个数	利好	利空
1	002798	N帝王	+43.99	15.22	+4.65	+0.00	0.00	197	0.091	1	无	无
2	000882	华联股份	+10.13	4.35	+0.40	+0.00	1.17	64.86万	3.44	6	无	无
3 ◇	603779	威龙股份	+10.04	12.93	+1.18	+0.00	0.00	588	0.117	2	无	无
4	300386	飞天诚信	+10.02	26.35	+2.40	+0.00	3.84	11.88万	7.63	3	无	无
5	300425	环能科技	+10.02	32.18	+2.93	+0.00	1.86	57245	8.38	4	无	无
6	002067	景兴纸业	+10.01	8.13	+0.74	+0.00	3.45	111.0万	11.56	2	无	无
7	002793	东音股份	+10.01	47.69	+4.34	+0.00	5.17	92604	37.04	3	无	无
8	603528	多伦科技	+10.01	62.54	+5.69	+0.00	0.57	6466	1.25	0	无	无
9	002584	西陇科学	+10.01	13.30	+1.21	+0.00	0.65	77362	3.01	7	无	无
10	603959	百利科技	+10.01	15.39	+1.40	+0.00	0.00	539	0.096	2	无	无
11	603901	永创智能	+10.01	16.49	+1.50	+0.00	2.48	22.64万	22.64	7	无	无
12	300511	雪榕生物	+10.00	56.31	+5.12	+0.00	8.15	14.97万	39.93	1	无	无
13	002231	奥维通信	+10.00	14.30	+1.30	+0.00	1.17	54255	2.17	4	无	无
14	002537	海立美达	+9.99	25.76	+2.34	+0.00	0.59	10.28万	3.43	5	无	无
15	300486	东杰智能	+9.99	37.77	+3.43	+0.00	2.62	30270	8.72	5	无	无
16	603818	曲美家居	+9.98	14.54	+1.32	+0.00	1.00	94899	7.21	5	无	无
17	603339	四方冷链	+9.98	21.48	+1.95	+0.00	0.00	668	0.129	2	无	无
18	000798	中水渔业	+9.98	13.33	+1.21	+0.00	3.44	40.62万	12.72	7	无	无
19	002796	世嘉科技	+9.55	52.99	+4.62	+0.00	23.15	13.48万	67.41	0	无	无
20	002443	金洲管道	+8.15	11.68	+0.88	+2.46	0.29	32.99万	6.58	5	无	无
21	002467	二六三	+8.09	13.89	+1.04	+0.00	1.77	65.30万	10.93	3	无	无
22	300346	南大光电	+8.07	29.05	+2.17	-0.14	0.60	10.01万	8.15	5	无	无
23	300276	三丰智能	+7.92	19.08	+1.40	-0.16	2.68	19.50万	10.06	6	无	无
24	600421	仰帆控股	+7.90	18.58	+1.36	-0.16	0.01	31171	1.59	8	无	无
25	300222	科大智能	+7.79	26.30	+1.90	+0.00	0.36	38.63万	14.67	2	无	无
26	300460	惠伦晶体	+7.74	23.80	+1.71	+0.00	-1.02	64900	9.97	7	无	无

图 7-3　沪深市场涨幅榜（2016 年 5 月 25 日）

第二，确认热点板块。从图 7-3 可以看出，2016 年 5 月 25 日的沪深涨幅榜上，机器人概念股中多只股票名列前茅，更有三只股票封上涨停板。由此可见，机器人概念为当日的热门板块，投资者若想选股，应该优先从该板块中选择。

第三，从热点板块中选择即将启动的个股。确定目标板块后，可以跟踪整个板块多只个股的股价分时走势，一旦发现某只股票的股价出现异动，即出现放量上攻形态，可迅速跟进买入该股。

需要注意一点：有时候，整个板块启动时，有些个股也会跟进上涨，但只是刚有小幅上涨便出现回落。为了避免选中这样的股票，需要注意股价启动上涨时成交量的放量程度，只有持续大幅放量的股票，才能考虑跟进。

利用涨幅榜选择目标股时，还应该注意以下几点：

第一，大盘处于盘整或上涨趋势中。

第二，股价处于底部盘整或上涨中期。

第三，该板块具备的题材是其他板块所不具备的，且预期能够给该板块上市企业带来丰厚的收益。

第四，股价启动前已经出现了资金流入迹象。

第五，量价配合突破重要阻力位时，往往就是该股的最佳买点。

三、概念题材寻找强势股

市场上永远不缺乏炒作的概念。概念是市场上的投资者有意、无意制造出来的一种充满想象力的东西。一只股票也许在很长时间都默默无闻，业绩也很一般，但是，如果它被赋予某一热门的概念，股价就可能一飞冲天。反过来再观察这只股票，我们可能会发现，其基本面没有发生丝毫变化，股价却暴涨，这就是概念炒作的结果。

概念因素的持续性是判断其炒作价值的一条重要标准。如果某一概念可以长时间持续，那么，该股就有可能被反复炒作，投资者就可以选择低位买进该股，在高位时卖出；反之，如果概念的持续性较差，也就是说，这种概念只在某一时段出现，那么，投资者炒作这类股票时，就要十分谨慎，一定要做到“快进快出”。

概念因素依照持续时间的长短可以分为：可持续性概念和非可持续性概念两种。

1. 可持续性概念

可持续性概念是指在几年之内都可以被反复炒作而不过时的概念，如时下比较热门的“互联网 +”概念。

选择可持续性概念股票时，应注意以下两点：

第一，看概念的远期愿景。当一只股票被赋予的某种概念越具有远期发展愿景，就越容易受到相关政策的支持，也越容易出现利好消息，从而越会引发市场对其的炒作。也就是说，当一只股票被赋予的概念越具有远期发展愿景，就越容易被多次炒作。

第二，看概念的独特性。当一只股票具有其他股票不具有的概念时，那么，这只股票上涨的幅度就会相当可观，也就是说，具有同一概念的股票越少，那么，这些概念股涨停的可能性越大。

例如，近几年被反复热炒的“互联网 +”概念。“互联网 +”是创新 2.0 下的互联网发展新业态，是知识社会创新 2.0 推动下的互联网形态演进及其催生的经济社会发展新形态。未来，网络将会与人们的生活联系得更加紧密，也会有更多的产业与互联网融合在一起，从而形成新的业态形式。正因如此，“互联网 +”概念在未来也会成为一个不断被提及和热炒的概念。

2015 年 3 月 5 日的政府工作报告中首次提出“互联网 +”行动计划。

今后，与“互联网 +”概念相关的规划可能还会不断出台，而这些规划出台时，都可能让市场掀起“互联网 +”概念的热潮。不过，相较于其他概念，“互联网 +”概念涉及的产业、行业过多，市场炒作的热点也比较分散，因而，个股出现涨停板的数量也会少于其他概念。

2015 年 3 月 10 日，上海医药拟出资 7 000 万元创立上海医药大健康云商股份有限公司，并占 70% 的股份。这标志着上海医药正式布局药品网络销售，成为“互联网 + 医疗”概念的一分子。3 月 10 日，上海医药以涨停板开盘，之后一直在高位震荡，并在尾盘时段封住涨停板，如图 7-4 所示。

鉴于该股封于涨停板时间较晚，投资者不宜贸然入场，还需结合股价 K 线所处的位置以及股价运行趋势综合分析，如图 7-5 所示。

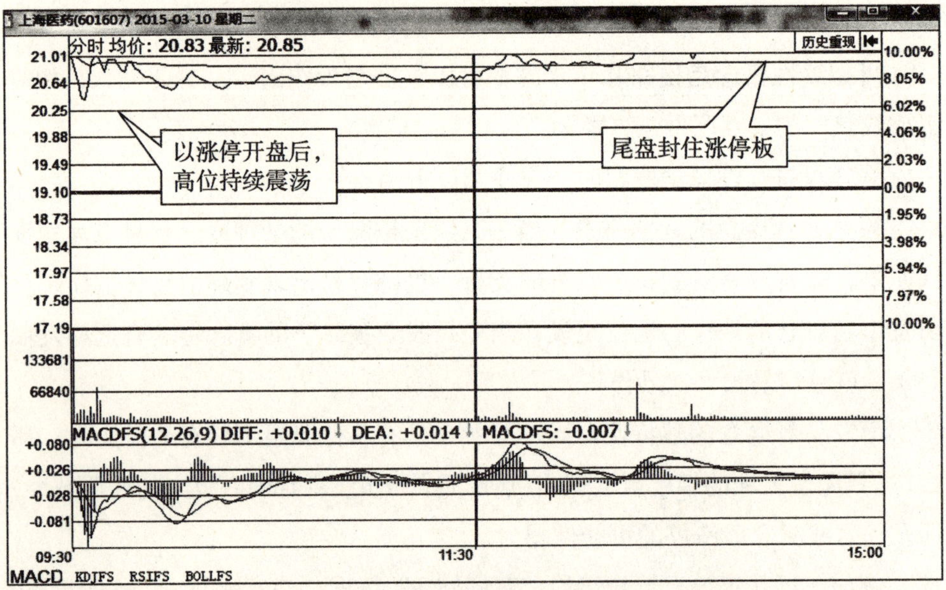

图 7-4 上海医药（601607）分时走势图（2015 年 3 月 10 日）

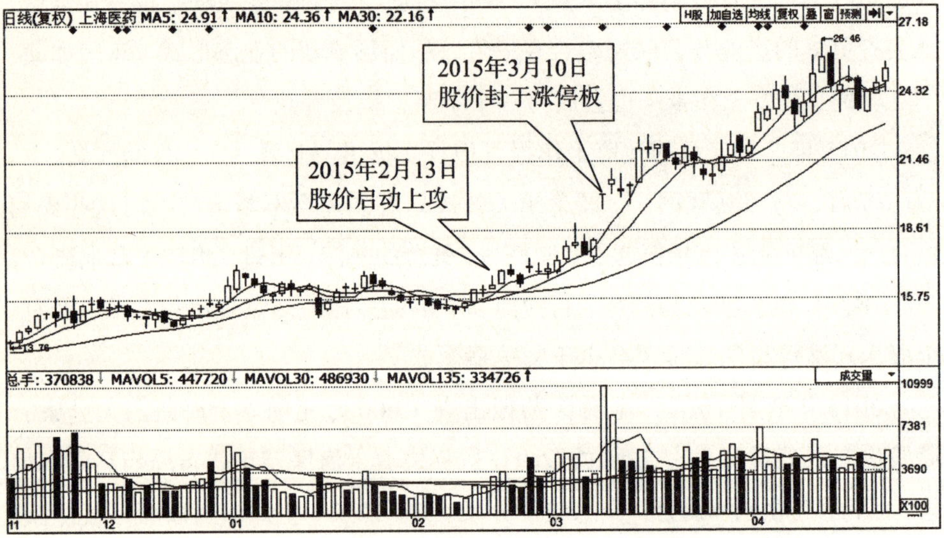

图 7-5 上海医药（601607）日 K 线走势图

上海医药股价自 2015 年 2 月 13 日起有结束横向盘整向上突破的迹象，此后，该股股价连续上攻。3 月 10 日，该股在利好消息的刺激下强势拉出涨停板。从 K 线图的走势上看，该股很有可能即将启动新一波的上升行情，投资者可在股价涨停次日出现回调遇支撑后考虑买入。

由于“互联网 +”概念是一个具有很强持续性的概念，在未来数年内还将多次被提及和炒作，所以对于想要操作强势股的投资者来说，这类概念股是较佳的操作对象。

2. 非可持续性概念

非可持续性概念是指由一些突发事件引起的，在短时间内对具备某一类共性的股票产生影响的因素。非可持续性概念与可持续性概念不同，这一类概念股的持续时间要看突发事件持续时间的长短，如果突发事件消失，那么，这一类股票就失去了继续炒作的价值，其股价也会随之回落。

选择非可持续性概念股时，应注意以下三点：

第一，概念的突发性。如果这一概念以前从未出现过，那么，往往意味着市场资金对这一波的炒作将会十分凶狠，投资者一定要积极跟进；反之，如果这一概念市场已经炒作过了，这时，投资者就需要谨慎行事，以免被套。

第二，看概念的独特性。当一只股票具有其他股票不具有的概念时，那么，这只股票上涨的幅度就会相当可观，也就是说，具有同一概念的股票越少，这些概念股涨停的可能性越大。

第三，投资者要等到股价已经启动再介入，不可提前介入这类股票。

2017 年夏，香港流感高发，深圳连发高级别预警。A 股市场多只抗流感概念股发力上攻，其中，鲁抗医药直接封上涨停板，如图 7-6 所示。

鲁抗医药的股价在 2017 年 8 月 7 日开盘后 10 点左右封于涨停板位置。由于该股封上涨停板的时间较早，未来股价存在继续上升的可能，激进型投资者可在股价即将封上涨停板时，抢入该股，并在次日开盘后股价冲高时执行卖出操作。

对于这类非可持续性概念的股票，投资者不要抱有长期持有该股的想法，而要在股价涨停结束时，立即卖出股票。鲁抗医药日 K 线走势如图 7-7 所示。

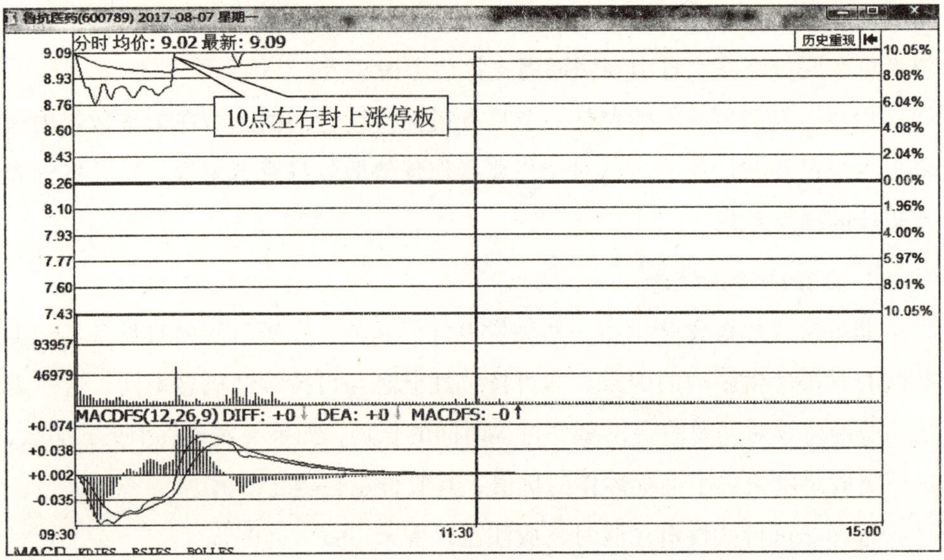

图 7-6 鲁抗医药（600789）分时走势图（2017 年 8 月 7 日）

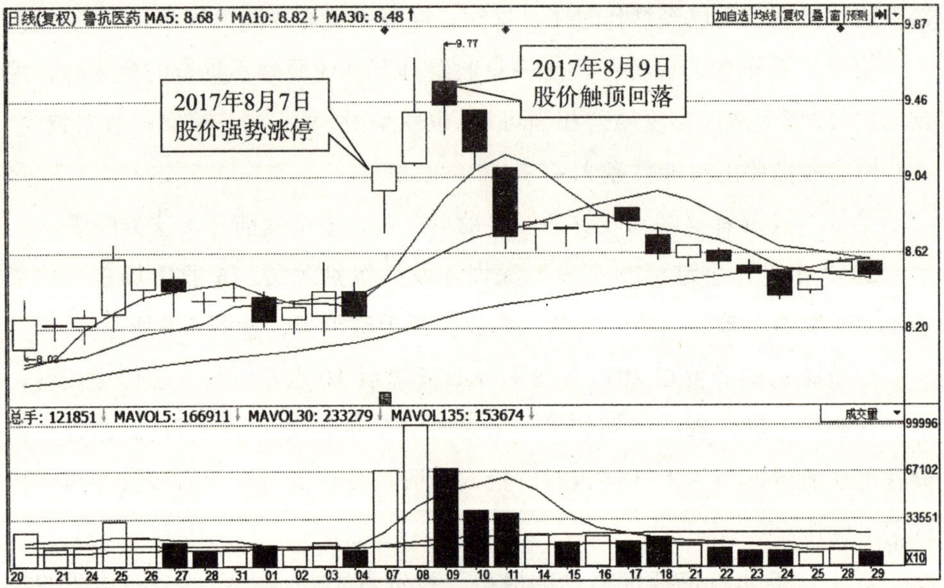

图 7-7 鲁抗医药（600789）日 K 线走势图

鲁抗医药的股价经过一段时间的横盘震荡后，于 2017 年 8 月 7 日在利好消息的刺激下强势涨停，激进型投资者可火线抢入该股；次日，该股股价高开高走，但并未上冲涨停位，前一交易日入场者宜卖出离场。这类股票的股价上升不可能有较强的持续性，除非股价之前已经显露出明显的上攻迹象。

2017 年 8 月 9 日，该股触顶回落。此后，该股出现了一波下跌走势。8 月 9 日就是抢入该股的投资者最后的离场时间。

第二节　板块轮动与投资组合

没有永远强势的股票，大都是各领风骚数个交易日。强势股逞强的时候，往往也是自己所属板块受到资金追捧的时候。也就是说，要想操作强势股，先要清楚板块轮动的规律以及当下的热点板块。

板块轮动，指股票市场上各大板块之间出现的交替推动大盘上涨的情况。通常情况下，大盘上涨是由市场资金集中流入某一个或某几个板块引发的，板块轮动则是资金流入的对象从某一板块转向了另一板块。板块轮动一方面受整个经济规律的影响，另一方面受经济基本面的影响，包括受到国际政治或贸易关系、国家政策或规划等方面的影响。

一、经济规律影响的板块轮动

经济规律影响的板块轮动，可能会对整个股市的涨跌起到重要作用。换句话说，整个经济发展规律和股市大趋势以及热点板块轮动之间存在密不可分的关系。

1. 经济规律影响的板块轮动顺序

受经济规律影响的板块轮动，一般会遵守一定的秩序。我们可以大致将宏观经济形势划分成几个阶段，如图 7-8 所示。

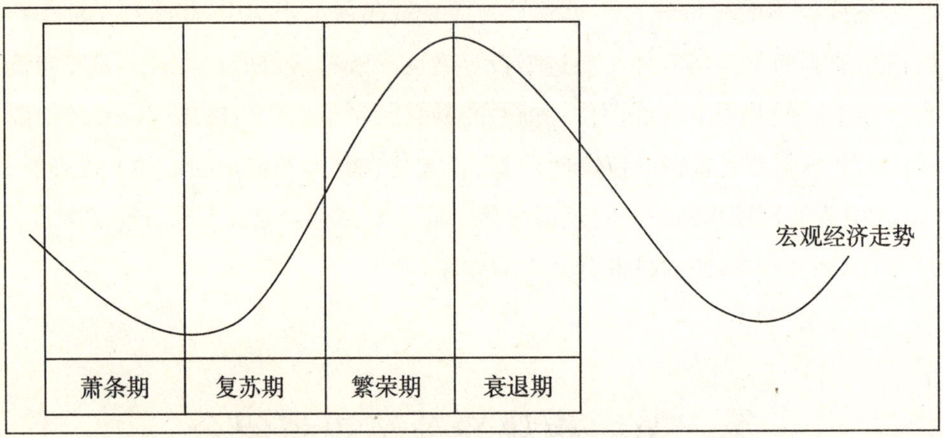

图 7-8　宏观经济走势的四个典型阶段

第一阶段：萧条期。

国民经济连续衰退，已经使很多投资者对股市丧失了信心，因而无论是大盘的指数点位还是整体成交量，都处于一个历史低点。当然，其间也会出现一些标志性的对股市非常不利的事件。但大家要清楚，这些事件不过是为股市的下跌提供了一个契机，没有这些事件，股市也会跌，只是下跌的速度可能会慢一些。

在萧条期，政府为了刺激经济，提振投资者的信心，也会发布一些利好政策，但这些政策很难改变股市的整体运行趋势。这个时候一些快速消费品和医疗医药板块会成为避险资金的首选，毕竟无论经济如何不振，老百姓还是要吃饭的，有病还是要看病的。其实，这也是很多大消费板块的股票能够在熊市逆市创新高的原因。

在衰退期末端，政府为了提振经济，可能会发布一些基础设施建设规划，毕竟这些大工程与国民经济的各个行业都有关联。一旦这些规划启动，基建工程、水泥、钢铁等板块将会率先受益，从而推动股市走出低谷。

第二阶段：复苏期。

随着大基建、大工程项目的启动，国民经济将会走出低谷，投资者信心也会随之恢复，一些工业、建材、金融、金属、能源、机械等板块将会起到引领大盘上攻的作用，通常所说的“煤飞色舞”指的就是这一阶段。由于这些股票在整个股市中所占的权重极大，一旦它们启动上涨，整个大盘将会全面上攻。这也会激发投资者恢复对股市的信心，于是就会有越来越多的投资者入场。

“A 股每周新增开户数”是一个非常有参考性的指标。该指标连续上升，说明越来越多的新股民入市，带来了更多的增量资金，市场做多气氛较浓；反之，则说明市场较为冷淡。

第三阶段：繁荣期。

随着国民经济趋于稳定和繁荣，越来越多的投资者进入市场，同时也带来了更多的资金。市场热点板块将会转向房地产、汽车、金融、投资品、消费品等板块。当然，这时可能是市场整体上扬的阶段，越来越多的资金将低价股消灭殆尽。

随着市场炒作热情不断升温，越来越多的股票价格严重地偏离了其内在价值，这时危机也就不断地显现出来。

第四阶段：衰退期。

在经济繁荣的背后，往往酝酿着新的隐患。特别是一些当时刺激经济的政策引发的副作用，可能会在这个时段爆发出来，股市也会同步出现这种状况。随着股市最后一波上攻结束，市场迎来惨烈的杀跌，很多新进入的散户高位被套。市场上的避险资金开始流入酒类、快速消费品、食品饮料等板块。

通过板块之间的轮动关系，投资者也能大致推断出当前股市所处的阶段。作为强势股的投资者，一定要踩准时间点，踏准板块轮动的节奏。市场热点板块出现强势股、大牛股的概率要远远高于普通板块。

2. 经济规律影响的板块轮动规律

板块轮动的一般规律如下：

第一，随着整体经济形势的变化，市场炒作资金会在各个板块之间轮动。例如，当经济形势长期低迷时，国家可能会考虑通过扩大基础设施建设来提振经济，资金往往会偏向于一些工程基建、钢铁类股票。当经济形势向好时，一些消费升级类板块将会受到资金的偏爱。

第二，受宏观经济影响，热点板块会呈现出有序的轮动，但又不会按照标准的顺序轮动。长线投资者可以根据股市和宏观经济情况，提前进驻相关板块。喜欢短线操作强势股的投资者，应该在股价启动时追涨介入。

二、经济面影响的板块轮动

除了经济规律影响板块轮动外，在股市运行过程中，几乎每隔一段时间都会有一个或几个板块受到资金的关注。当然，这些板块的轮动并不会按照一定的秩序进行，国家出台某项规划、国际贸易关系发生改变等，都会引发某一板块被资金热炒。

2017年4月1日，设立"雄安新区"引爆了所有与其有关的行业和板块。

由于"雄安新区"被定位为国家级新区，有大量配套基础设施需要完善，大量工程需要兴建。作为区域内的水泥供应商，金隅股份将会有大的发展机遇，因此在规划发布后，金隅股份的股价一飞冲天，如图7-9所示。

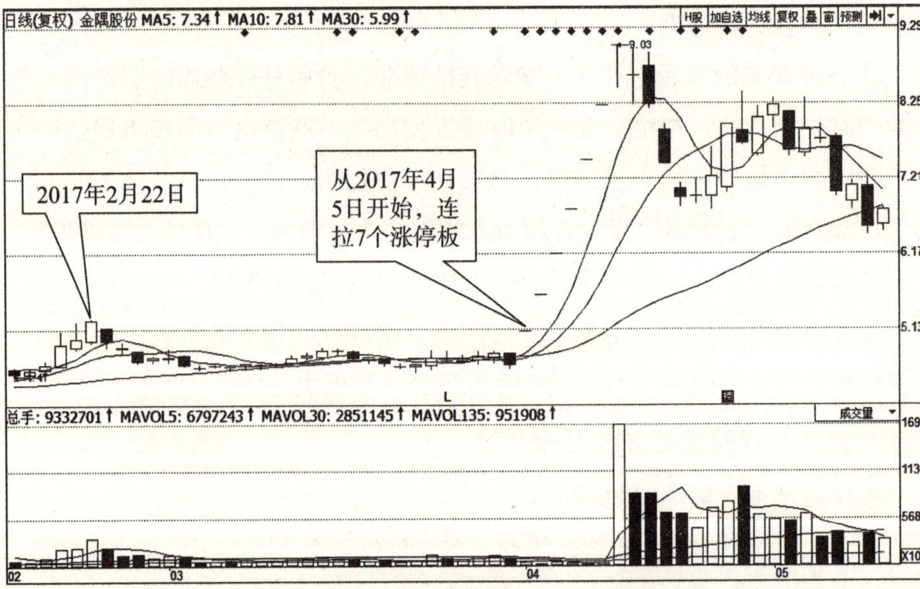

图7-9 金隅股份（601992）日K线走势图